Anna Sieben, Julia Scholz
(Queer-)Feministische Psychologien

Diskurse der Psychologie

Anna Sieben, Julia Scholz

(Queer-) Feministische Psychologien

Eine Einführung

Psychosozial-Verlag

Bibliografische Information der Deutschen Nationalbibliothek
Die Deutsche Nationalbibliothek verzeichnet diese Publikation
in der Deutschen Nationalbibliografie;
detaillierte bibliografische Daten sind im Internet
über http://dnb.d-nb.de abrufbar.

Originalausgabe

E-Mail: info@psychosozial-verlag.de
www.psychosozial-verlag.de

Umschlaggestaltung & Satz: Hanspeter Ludwig, Wetzlar
www.imaginary-world.de
ISBN 978-3-8379-2208-0

Inhalt

Vorwort

Queer-feministische Psychologien sind den politischen Anliegen des Feminismus und des Queer-Aktivismus verpflichtet: der Überwindung von Ungleichheit und Unterdrückung, die an das Geschlecht und/oder die Sexualität einer Person geknüpft sind. Als Wissenschaften vom menschlichen Denken, Handeln, Fühlen und Wollen machen sie einerseits psychologische Theorien und Modelle fruchtbar, um psychische Aspekte der Verbundenheit von Macht, Normativität, Sexualität und Geschlechtlichkeit zu untersuchen, zu verstehen und zu erklären. Andererseits werden psychologische Ansätze (selbst-)kritisch auf ihren antiemanzipatorischen (repressiven, diskriminierenden, stigmatisierenden, exkludierenden) Gehalt hin überprüft und gegebenenfalls ›zurückgewiesen‹. Queer-feministische Psychologien bewegen sich alle in diesem Spannungsfeld zwischen einer Kritik mithilfe der Psychologie und einer Kritik an der Psychologie.

Diese Einführung bietet einen Überblick über queer-feministische Psychologien, die in den letzten 40 Jahren vor allem im angloamerikanischen Kontext entstanden sind. Dabei sind die Differenzen zwischen den einzelnen vorgestellten Ansätzen gravierend: Wir verstehen »queer-feministisch« als einen Sammelbegriff, der differente, zum Teil sogar inkompatible Forschungsansätze bündelt. Die meisten der dargestellten Ansätze sind präziser als »feministisch« zu bezeichnen, weshalb wir im Titel dieses Buches »queer« in Klammern gesetzt haben. In dieser Einführung legen wir den Schwerpunkt auf die Darstellung *theoretischer* Forschungsansätze. In geringerem Maße können wir die Vielzahl *empirischer* Studien und *methodischer Konzepte* vorstellen, die in den einzelnen Forschungstraditionen entstanden sind. An entsprechenden Stellen verweisen wir auf weiterführende Publikationen und stellen empirische Befunde exemplarisch vor. Ebenfalls nur selektiv gehen wir auf queer-feministische Ansätze in Anwendungsbereichen und praktischen Handlungsfeldern der Psychologie wie etwa der Psychotherapie ein. Umfassende Darstellungen von queer-feministischen Forschungsergebnissen und anwendungsorientierten Perspektiven stellen, vor allem im deutschsprachigen Raum, dringende Desiderate dar. Es gibt bislang keine derartigen Bücher.

Die vorliegende Monografie ist das Ergebnis unserer eigenen Suche nach möglichen Schnittstellen psychologischer Forschung mit queerer und feministischer Politik. Wir haben beide in Deutschland Psychologie studiert. Unser politisches Engagement stand lange Zeit unverbunden neben dem Studium der Psychologie. Zwischen unserem gesellschaftskritischen Anliegen und unserer Ausbildung als naturwissenschaftlich orientierte, quantitativ arbeitende Psychologinnen schien ein unüberbrückbarer Graben zu liegen. Als wir 2008 die Arbeit an diesem Buch aufgenommen haben, lautete der Arbeitstitel »Feminismus und Psychologie«. Er brachte unsere Zweifel über die Möglichkeit einer Verbindung von Feminismus und Psychologie zum Ausdruck. Im deutschsprachigen Kontext konnten wir kaum Publikationen zu feministischen Psychologien finden, eine Einführung haben wir vergeblich gesucht. Nach einem Forschungspraktikum von Julia Scholz in den Vereinigten Staaten von Amerika und einem Masterstudium der Gender Studies in Großbritannien von Anna Sieben sowie unzähligen Literaturrecherchen wurde uns bewusst, dass es im angloamerikanischen Kontext durchaus ein differenziertes, institutionell etabliertes Feld feministischer und queerer Psychologien gibt. Wir nannten diese Einführung daraufhin »Queer-feministische Psychologien« und hätten zwischenzeitlich gerne ein Ausrufezeichen dahinter gesetzt: Ja, man kann politisch inspirierte, feministische und queere Psychologie betreiben und dies mit hohem wissenschaftlichen Anspruch unter Einhaltung internationaler Standards!

Dies ist eine der Botschaften, die wir mit dieser Einführung vermitteln möchten. Die andere ist: Mit dieser positiven Diagnose fangen die Fragen, Probleme und Diskussionen erst an. Denn was genau queere und feministische Psychologien sind oder sein sollten, steht immer zur Diskussion. Die in diesem Buch vorgestellten Ansätze beziehen zu dieser Frage ganz unterschiedlich Position. Dabei ist klar, dass die Psychologie von vielen Beteiligten nicht mehr (nur) als Naturwissenschaft verstanden wird, sondern (auch) als Sozial- und Kulturwissenschaft, die sich eines äußerst differenzierten Spektrums an methodologischen Prinzipien und methodischer Instrumente bedient.

Diese Einführung richtet sich sowohl an Psycholog_innen[1] als auch an Interessierte aus den mit Geschlechtlichkeit und Sexualität befassten Sozial- und Kulturwissenschaften (z.B. den Gender Studies). Während einige der vorgestellten Ansätze genuin psychologisch sind, ist bei anderen die Grenze zu diversen Sozial- und Kulturwissenschaften regelrecht verwischt. Dies gilt insbesondere für diskursanalytische und dekonstruktivistische Psychologien. Queer-feministische Psychologien sind in hohem Maße interdisziplinär orientiert – und für ei-

1 Die deutsche Sprache lässt als Formulierungsmöglichkeiten nur weibliche, männliche und manchmal geschlechtsneutrale Formen zu. Wir wählen in solchen Fällen den Unterstrich (z.B. Psycholog_innen), um einen Raum zwischen weiblich und männlich zu markieren. Dadurch soll hervorgehoben werden, dass wir nicht von zwei definierten, distinkten und diskreten Kategorien ausgehen, sondern von einem Kontinuum zwischen Formen, die klassisch als weiblich, und solchen, die klassisch als männlich bezeichnet wurden. Um dies auch sprachlich auszudrücken, eignet sich der Schrägstrich weniger, weil er ein distinktes entweder-oder repräsentiert. Der Unterstrich hingegen soll ein inkludierendes von-bis implizieren. Siehe für eine ausführliche Begründung dieser auch als *gap-concept* bezeichneten Schreibweise Aranca 2003 (»performing the gap«).

nen interdisziplinären wie psychologischen Leser_innenkreis überaus inspirierend.

In den ersten drei Kapiteln wird das Feld queer-feministischer Psychologien begrifflich, wissenschaftstheoretisch und institutionell abgesteckt. Die Definitionen der Begriffe »queer«, »feministisch« und »Psychologie« stehen im Mittelpunkt des ersten Kapitels. Es folgen im zweiten Kapitel wissenschaftstheoretische Überlegungen zur Vereinbarkeit von Psychologie mit dem politischen Projekt des Queer-Feminismus. Wir zeigen hier auf, dass es verschiedene Möglichkeiten gibt, wissenschaftlich zu arbeiten und gleichzeitig feministischen und queeren Werteorientierungen zu folgen. Im dritten Kapitel beschreiben wir die institutionelle Situation queer-feministischer Psychologien im angloamerikanischen Raum und in Deutschland. Wir stellen vor, welche Zeitschriften, zentralen Publikationen oder Dachverbände es gibt. Die anschließenden Kapitel vier bis acht sind der Darstellung fünf verschiedener queer-feministischer Ansätze gewidmet, wobei wir jeweils die theoretischen Forschungsansätze vorstellen, exemplarisch auf einzelne Arbeiten im Detail eingehen und kritische Punkte diskutieren. Wir differenzieren zwischen der *psychology of women* (Kapitel 4), Forschungsarbeiten zu Geschlechterunterschieden und -gemeinsamkeiten (Kapitel 5), sozialpsychologischer Kognitionsforschung (Kapitel 6), diskursanalytischen, sozialkonstruktionistischen und dekonstruktivistischen Ansätzen (Kapitel 7) und zuletzt queeren Perspektiven in der Psychologie (Kapitel 8).

Für die entschiedene Unterstützung feministischer Ansätze in der Psychologie im Allgemeinen und dieses Buchprojekts im Speziellen möchten wir Jürgen Straub ganz herzlich danken – er hat uns auf die Idee gebracht, dieses Einführungsbuch zu schreiben. Seine aufmerksame Durchsicht dieser Monografie war uns eine sehr große Hilfe. Weiterer Dank geht an die Studierenden des Seminars *Feministische Psychologien*, das wir im Wintersemester 2009/10 an der *Ruhr-Universität Bochum* geleitet haben. Ihre Mitarbeit, Fragen und Diskussionen haben uns bei der Arbeit an diesem Buch zu mehr Klarheit verholfen.

Teil I

Begrifflicher, wissenschaftstheoretischer und institutioneller Rahmen

1 Einleitende Begriffsbestimmungen

Was sind feministische und queer-feministische Psychologien? Während wir im Laufe der folgenden Kapitel diese Frage anhand der Vorstellung und Diskussion konkreter Psychologien beantworten, sollen hier begriffliche Überlegungen das Feld vorstrukturieren. Dabei ist keiner der drei im Titel verwendeten Begriffe – Psychologie, feministisch, queer – eindeutig definierbar, ihre Bedeutungen sind vielfältig, different, zum Teil widersprüchlich und vor allem veränderlich. Sie sind eingebettet in wissenschaftliche (und politische) Debatten – über Geschichte, Grundannahmen und Fragestellungen der Psychologie, über die angestrebten politischen Veränderungen durch den (Queer-) Feminismus und die Frage nach einer Konzeptualisierung von Geschlechtlichkeit und Sexualität. Ohne diese Debatten sind diese Begriffe leer, mit ihnen sehr komplex. Wer sich mit den Begriffen auseinandersetzt, kommt unserer Meinung nach nicht umhin, *erstens* eine eigene Festlegung und Definition vorzunehmen (1.2) und *zweitens* die genannten Debatten zu berücksichtigen (1.3). Diesen Überlegungen stellen wir eine Definition der Psychologie voran (1.1).

1.1 Psychologie

Die Psychologie verstehen wir als Wissenschaft vom menschlichen Denken, Fühlen, Erleben, Wollen, Handeln und Verhalten. Auch wenn es psychologische Theorien zu vielen Zeiten und an vielen Orten gegeben hat und gibt, beziehen wir uns auf die als wissenschaftliche Disziplin institutionalisierte Psychologie, die am Ende des 19. Jahrhunderts entstanden ist (siehe für eine kurze Geschichte der Psychologie Lück 2009). Wir haben dementsprechend nur Texte einbezogen, die sich selbst als psychologisch bezeichnen oder die in Zeitschriften, Herausgeber_innenbänden oder Lehrbüchern publiziert wurden, die der Psychologie zugeordnet sind. Texte zu psychologischen Themen, die in anderen disziplinären Kontexten veröffentlicht wurden, zum Beispiel in soziologischen, kulturgeschichtlichen oder medizinischen Werken, wurden nicht berücksichtigt. Auch sexualwissenschaftliche Publikationen haben wir nicht einbezogen, obwohl es auch hier viele inhaltliche Überschneidungen mit queer-feministischen Psychologien gibt. Entsprechend unserer Sprachkompetenzen haben wir ausschließlich Arbeiten in englischer oder deutscher Sprache rezipiert, die zum größten Teil von europäischen oder US-amerikanischen Autor_innen stammen (siehe auch Kapitel 3). Mit dem Plural ›Psychologien‹ machen wir deutlich, dass diese Disziplin sehr unterschiedliche Strömungen, Schulen und Theorien umfasst, die sich zum Teil bis hin zu ihrem Wissenschaftsverständnis und ihren Menschenbildern voneinander unterscheiden.

Wir übernehmen in diesem Band die Unterscheidung zwischen Psychologie und Psychoanalyse und beschränken uns vorwiegend auf die Darstellung der psychologischen Ansätze. Ergänzend fügen wir in den entsprechenden Kapiteln Exkurse ein, in denen wir auf die Psychoanalyse eingehen. Diese ersetzen zwar keine eigenständige Auseinandersetzung mit der Psychoanalyse, bieten aber eine erste Orientierung. Auch wenn die Grenzziehung zwischen Psychologie und Psychoanalyse aus unserer Perspektive inhaltlich fragwürdig ist, finden unserer Erfahrung nach psychologische und psychoanalytische Diskussionen weitgehend getrennt voneinander statt. An ihnen sind andere Menschen in anderen institutionellen Kontexten beteiligt. So finden auch queer-feministische Kritiken und Weiterentwicklungen der Psychoanalyse häufig unabhängig von Entwicklungen in der Psychologie statt. Kommt es zu signifikanten Beeinflussungen, werden wir dies betonen. Für eine erste Einführung in queer-feministische Perspektiven in psychoanalytischen Theorien sei auf Leslie Bell (2004) und Janet Sayers (1990) verwiesen.

1.2 Queer-feministische Psychologien – Ein Definitionsvorschlag

In diesem Abschnitt definieren wir die Begriffe Feminismus und queer und erläutern die begriffliche Zusammenfassung zu queer-feministisch. Im folgenden Abschnitt 1.3 gehen wir auf die Debatten ein, die den Hintergrund unserer eigenen definitorischen Abgrenzungen bilden.

Als Feminismus wird in Deutschland etwa seit den 1970er Jahren die zweite oder neue Frauenbewegung (siehe Lenz 2009) bezeichnet. Der Begriff ist vom lateinischen Wort *femina* = Frau abgeleitet und findet sich seit dem Ende des 19. Jahrhunderts im Französischen. Als *umbrella term* bezeichnet Feminismus heterogene politische Projekte, die sich alle die Aufhebung geschlechtsspezifischer Machtverhältnisse zum Ziel setzen. Meistens, nicht immer (siehe 1.3), steht dabei die Emanzipation der Frauen im Vordergrund.

Der englische Begriff »queer« ist ursprünglich von dem deutschen Wort »verquer« abgeleitet und wurde bzw. wird umgangssprachlich als Schimpfwort für Schwule und Lesben (Hark 1993) sowie für andere von der Norm abweichende Menschen verwendet. In den 1980er und 1990er Jahren wurde er von Lesben, Schwulen, Bisexuellen oder Transgender (kurz: LGBT, beziehungsweise heute aufgrund der Inklusion von Intersexuellen auch: LGBTI) als positive Selbstbezeichnung angeeignet und fand als *Queer Theory* oder *Queer Studies* Eingang in die Wissenschaften. Der Begriff wird unübersetzt ins Deutsche übernommen.[2] Queere Ansätze setzen sich kritisch mit Sexualität und Geschlechtlichkeit auseinander und weisen auf die Verwobenheit der Normen der Heterosexualität mit den Normen der Zweigeschlechtlichkeit hin. Mit Bezug auf Judith Butlers Konzept der Heteronormativität (Butler 1991) kritisieren sie, dass beide Normen sich gegenseitig stabilisieren und so die Grundlage für vielfältige Formen der Diskriminierung von Anders-Seienden bilden. Auf dieser Basis kritisieren queere Ansätze die Verwendung sozialer Kategorien wie Mann/Frau oder homosexuell/heterosexuell (sowie Klasse, Hautfarbe, Alter). Theoretisch verbindet queer somit politische Anliegen von Frauen, Lesben, Schwulen, Trans-Menschen und Intersexen – auch wenn diese Aussage selbst prekär ist, da queer im strengen Sinne genau die kategorialen Bezeichnungen »Lesbe«, »Schwuler«, »Frau« etc. ablehnt. Indem queer diese Kategorien infrage stellt, fordert es auch zu einer gemeinsamen Politik und Wissenschaft heraus.

Queer-feministisch verstehen wir in einem *weiten* Sinne als Oberbegriff für feministische *und* queere Ansätze. Queer-feministische Wissenschaften, Psychologien im Speziellen, sind dementsprechend bestimmt durch ihre explizite Verbindung zu politischen Anliegen des Feminismus und/oder des Queer-Aktivismus: der Überwindung von Ungleichheiten und Unterdrückung, die an das Geschlecht und/oder die Sexualität einer Person geknüpft sind. Gemäß dieser Definition stellen wir in dieser Einführung in den Kapiteln vier bis sieben feministische Psychologien und in den Kapiteln sieben und acht queere Ansätze vor. Wie an dieser Gewichtung deutlich wird, legen wir den Schwerpunkt unserer Einführung auf die feministische Perspektive. Dem verleihen wir auch durch den Titel »(Queer-)Feministische Psychologien« Ausdruck. Mit unserer

2 Die Übernahme ins Deutsche geht sicherlich mit erheblichen Begriffsverschiebungen einher. Während der Begriff im Englischen klar negativ konnotiert ist, klingt er im Deutschen tendenziell freundlich, vielleicht etwas verrückt und ›anders‹. Queer wird nicht als Schimpfwort identifiziert (und wäre in dieser Bedeutung vielleicht am ehesten mit der Übersetzung ›pervers‹ wiedergegeben).

Schwerpunktsetzung geht einher, dass wir auf eine umfassende Darstellung von LGBTI Psychologien verzichten, die den queeren Psychologien sehr nahestehen (ein kurzer Überblick findet sich in Kapitel 8). Keinesfalls soll diese Vorgehensweise inhaltlich verstanden werden: Queer ist weder für den Feminismus zu vereinnahmen, noch sind LGBTI Perspektiven zu marginalisieren. Wir haben uns dennoch für diese Vorgehensweise aus drei Gründen entschieden: *Erstens* würde eine ausreichend differenzierte Darstellung von LGBTI Psychologien neben den feministischen Traditionen den Rahmen dieser (kurzen) Einführung überschreiten. *Zweitens* bezeichnet (queer-)feministisch auch unsere eigene Annäherung an das Thema treffend: Während wir ursprünglich eine Einführung in feministische Psychologien schreiben wollten, erschien uns im Laufe der Recherche die queere Perspektive mehr und mehr wichtig. *Drittens* werden in anderen Darstellungen (z.B. Clarke et al. 2010) queere Psychologien bereits gemeinsam mit LGBTI Psychologien thematisiert, während die Verbindung zu feministischen Psychologien in den Hintergrund rückt (bzw. queer von feministischen Perspektiven explizit abgegrenzt wird).

In einem *engen* Sinne verstehen wir die begriffliche Zusammenfassung queer-feministisch als Spezifikation feministischer Ansätze. Auf die Heterogenität feministischer Projekte haben wir bereits hingewiesen – diese Einführung bestätigt diese Beschreibung des Feminismus, indem sie sehr unterschiedliche feministische Psychologien vorstellt. Im Gegensatz dazu definieren wir queer-feministisch als eine bestimmte theoretische Ausrichtung des Feminismus: Sie übernimmt die bereits dargestellten theoretischen Überlegungen von queer, ohne sich dabei vom Feminismus zu distanzieren. Queer-feministische Psychologien weisen demnach folgende Merkmale auf:

- Sie beschäftigen sich mit den Phänomenen Geschlecht und Sexualität und analysieren die Zusammenhänge zwischen Geschlecht, Sexualität, Normativität und Macht. Dabei spielt das Konzept der Heteronormativität eine zentrale Rolle.
- Sie vermeiden eine Essenzialisierung sozialer Kategorien,

vor allem von Geschlecht, Sexualität und ›Rasse‹, und streben die Dekonstruktion dieser Kategorien an.

- Sie setzen sich selbstreflexiv mit der eigenen Forschung und den Wirkungen der eingenommenen wertenden Perspektive auseinander.
- Sie thematisieren Geschlecht und Sexualität als in soziale Kontexte eingebettet und verwoben mit anderen sozialen Kategorien, vor allem mit Klasse, ›Rasse‹ und Alter.

Dieser engen Definition von queer-feministisch wird kaum eine der vorgestellten Psychologien gerecht. Wir stellen diese Definition dennoch vor, da sie unsere eigene politische und wissenschaftliche Position treffend bezeichnet. Queer-feministisch ist der Standpunkt, von dem aus wir die kritische Bewertung der einzelnen Ansätze vornehmen. Abschließend möchten wir darauf hinweisen, dass es aus unserer Sicht gerade die Differenz und Vielfältigkeit der hier vorgestellten Ansätze ist, die das gesamte Feld der queer-feministischen Psychologien positiv auszeichnet. Durch ihre Heterogenität stoßen sie in produktiver Weise kritisches Denken an.

1.3 Diskutierte Begriffe

In den einleitenden Bestimmungen der Begriffe »queer« und »feministisch« sind bereits zahlreiche Debatten um diese Begriffe angeklungen. Sie stellen wir nun anhand von fünf Themen vor. Vor ihrem Hintergrund haben wir uns für die zugegebenermaßen ungewöhnliche Begriffsverwendung »queer-feministisch« entschieden. Diese ist nicht ›in Stein gemeißelt‹, sondern erklärt sich durch die folgenden fünf Diskussionsaspekte.

Im Fokus des Feminismus – Frauen

Begrifflich legen die Bezeichnungen Feminismus und Frauenbewegung nahe, es handele sich hierbei um politische Bewegungen von und für Frauen. Dies wird auch durchaus von einigen Feminist_innen so vertreten (z.B. Jeffreys 2003; Wilkinson 1996), stellt aber gleichzeitig einen den Feminismus begleitenden Diskussionspunkt dar. Denn von einer universalen Kategorie »Frau« auszugehen, ist problematisch. *Erstens*, weil so Unterschiede zwischen Frauen, zum Beispiel aus verschiedenen Klassen, Kulturen oder Altersgruppen nivelliert werden und so zumindest potenziell bestimmte Formen des Frau-Seins vergessen, untergeordnet oder bevormundet werden. Auf die kolonialisierende Wirkung des Feminismus weißer, aus westlichen Kulturen kommender, gebildeter und heterosexueller Frauen ist unter anderem von bell hooks (1981) und Chandra Talpade Mohanty (1991) hingewiesen worden. *Zweitens*, weil so Frauen als eine essenzielle Gruppe erscheinen, die sich strikt von Männern unterscheidet.

Mit der Debatte um das Subjekt des Feminismus ist direkt die ebenso bedeutsame Frage nach dem Machtmodell des Feminismus (und feministischer Theorien) verbunden. Während sich einige feministische Strömungen auf Patriarchatsmodelle stützen, die Macht als Herrschaft von Männern über Frauen konzeptualisieren (z.B. Cyba 2004; Jeffreys 2003), betonen andere, basierend auf den Arbeiten von Michel Foucault und Judith Butler, die Macht der Diskurse (Engel 2002; Hark 2001). Diskurse stellen sowohl Männlichkeiten und Weiblichkeiten als auch ihre hierarchisierte Relationalität her. Von der Macht der Diskurse sind in vergeschlechtlichten Gesellschaften potenziell alle ›betroffen‹. Während Patriarchatsmodelle die Kategorie Frau voraussetzen, sehen Diskursmodelle diese als Produkt des Diskurses an. Je nachdem, ob man ein Diskurs- oder ein Patriarchatsmodell zugrunde legt, ergeben sich verschiedene politische Praktiken der Emanzipation: Die Beendigung des Patriarchats erfordert den solidarischen Zusammenschluss der Frauen gegen die Männer. Im Gegensatz dazu vollzieht sich die Aufhebung des heteronormativen Diskurses (Butler 1991) über eine Verschiebung der diskursiven Formation, an der alle am Diskurs Beteiligten teilhaben können und von deren Verschiebung potenziell alle profitieren. Die Verschiebung dieses

Diskurses bedeutet aber, dass man sich seiner Kategorien nicht, zumindest nicht in unkritischer Weise, bedienen sollte – und dementsprechend auch nicht der Kategorie Frau/Mann. Butler (1991) hat herausgestellt, dass der Feminismus die Trennung von Männern und Frauen verstärkt, anstatt sie subversiv zu unterlaufen, solange er in der Form einer Identitätspolitik von Frauen auftritt. Folglich wird von ihr gefordert, die Kategorie Frau nicht hochzuhalten, sondern sie subversiv und parodistisch zu unterlaufen.

Allerdings betont auch Butler, dass wir ohne die Kategorie Frau zum jetzigen Zeitpunkt politisch nicht auskommen. Denn politisch kommt in die Bredouille, wer nicht mehr Männer und Frauen vergleichend nebeneinanderstellen kann: Denn wie ließe sich sonst auf bestehende Ungerechtigkeiten zwischen den Geschlechtern hinweisen? Solange es in unserer Gesellschaft zwei in einem hierarchisierten Verhältnis stehende Geschlechter gibt, muss diese Situation auch kritisiert werden (können). In diesem Sinne verstehen wir den Begriff Queer-Feminismus als Kompromiss: Er weist auf die angestrebte Destabilisierung der Geschlechterordnung im Sinne einer Auflösung der dichotomen Kategorie Frau/Mann hin, lässt aber auch nicht aus den Augen verlieren, dass zurzeit eine Emanzipationsbewegung für Frauen durchaus ihre Notwendigkeit und Berechtigung hat.

Gender und queer – Rival_innen des Feminismus?

Den bisherigen Überlegungen folgend spricht gegen die Verwendung des Begriffs Feminismus, dass der Wortstamm *femina* nicht gerade geeignet erscheint, um eine Politik der Subversion der Geschlechterkategorie zu bezeichnen. Eine Umbenennung des politischen und wissenschaftlichen Projektes »Feminismus« liegt da seit dem Beginn der 1990er Jahre nahe. Zwei Alternativen sind in Deutschland mittlerweile etabliert: gender (z.B. als Gender Studies, Gender Beauftragte, Gender Mainstreaming oder Events wie die Partyreihe »Gender Terror«) und queer (z.B. als Queer Studies, Queer Party).

Der Begriff *gender* bezeichnet das kulturelle und soziale Geschlecht einer Person, in Abgrenzung zu ihrem biologischen Geschlecht – eine Unterscheidung die von Robert Stoller (1968) etabliert wurde. Wer von gender spricht, meint also die kulturelle Bedingtheit von geschlechtsspezifischen Praktiken, Identitäten, Handlungen und Wahrnehmungen und weist, auch in politischer Absicht, auf ihre kulturelle Veränderlichkeit hin. Gender wird des Weiteren als Bezeichnung einer sozialen Kategorie (Frey Steffen 2006; Lenz 2009) verwendet und beschreibt damit eine bestimmte wissenschaftliche Perspektive auf Geschlechterverhältnisse. Der Begriff gender betont nicht von vorneherein Frauen, sondern umfasst »Männlichkeiten und Weiblichkeiten und ihre Relationen« (Frey Steffen 2006). Er ist des Weiteren politisch neutral, auch wenn er häufig in ›feministischer‹, das heißt machtkritischer Absicht verwendet wird. Auch für die Verwendung des Begriffs *gender* sind die Schriften von Butler wichtig geworden. Butler argumentiert, dass diskursiv (und damit kulturell) nicht nur gender, sondern auch sex, der biologische Körper, hergestellt ist. Damit ist »das Geschlecht (sex) immer schon Geschlechtsidentität (gender) gewesen« (Butler 1991, S. 24). Auf der Grundlage von Butlers Kritik an der sex/gender Trennung wird gender heute häufig als Oberbegriff verwendet, der sex und gender umfasst, die sich nicht voneinander trennen lassen.

Der Begriff *queer* wurde bereits weiter oben eingeführt. Die für den Feminismus so zentralen Transformationen der Geschlechterordnung werden im Rahmen von queer als Veränderungen der festgelegten Kategorien Frau/Mann und Homo-/Heterosexualität ausgelegt – was sich in einem Begriff niederschlägt, der nicht identitäre Personengruppen, sondern gerade ihre Subversion betont. Des Weiteren versteht sich queer als Reaktion auf die postkoloniale Kritik am Feminismus. Die Verbindung von Geschlecht mit den sozialen Kategorien ›Rasse‹ und Kultur wird betont (bezeichnet als Intersektionalität), was zu der Einsicht in die Notwendigkeit einer Politik der Differenz, oder einer Politik trotz Differenz führt. Es wird an dieser Stelle deutlich, das queer die bereits geschilderte Kritik am

Feminismus, vor allem am Feminismus als Identitätspolitik von Frauen, aufgreift. Auch wenn die Kritik an Identitätspolitiken zu einer Veränderung des Feminismus beziehungsweise einiger feministischer Ansätze geführt hat und damit ein Beibehalten des Begriffs Feminismus möglich ist, markiert die Verwendung von queer diese Abkehr begrifflich. Es sei hinzugefügt, dass queer nicht die einzige Möglichkeit zur Bezeichnung eines nicht identitären Feminismus ist. So differenzieren zum Beispiel Karen Henwood, Christine Griffin und Anne Phoenix (1998) zwischen Feminismus und poststrukturalistischen (feministischen) Ansätzen.

Beide Begriffe, queer und gender, gehen also mit einer begrifflichen Schärfe einher, die der weite Begriff Feminismus nicht bieten kann. Sie bezeichnen bestimmte theoretische Ausrichtungen und politische Anliegen und nicht eine Vielzahl von Bewegungen und Theorien. Allerdings ist anzumerken, dass es aus feministischer Perspektive durchaus scharfe Kritik an queer gibt. So argumentiert zum Beispiel Sheila Jeffreys (2003), dass queer der irrtümlichen Vorstellung ›auf den Leim gegangen‹ sei, Schwule und Lesben könnten gemeinsam emanzipatorische Politik betreiben. Aus Jeffreys Sicht ist Männlichkeit immer an weibliche Unterdrückung gekoppelt und aus diesem Grund aus feministischer Perspektive abzulehnen. Anstelle einer queeren Kooperation mit Männern (bei denen Weiblichkeit und Frauen immer den Kürzeren ziehen) spricht sie sich für einen feministischen Lesbianismus aus. Es sei auch hinzugefügt, dass gender diese Präzision nicht in Bezug auf die politische Orientierung der Forschenden aufweist. Hier bleibt der Begriff vage und gibt sich neutral.

Zur disziplinären Verwendung von Begriffen – Gender und Feminismus in der Psychologie

Der letzte Kritikpunkt am Begriff gender trifft in besonderem Maße auf die Psychologie zu. Gender bezeichnet in der Psychologie die Geschlechtsidentität oder auch das soziale Geschlecht. Gender wird in Fragebögen erfasst und in statistischen Auswertungen zur Differenzierung der Datensätze, als Kovariate, genutzt. Es geht in den meisten Fällen nicht um die Analyse des Zusammenhangs zwischen Geschlecht und Macht oder um ein Hinterfragen der Geschlechterordnung. Lehrbücher mit Titeln wie *Gender. Psychological Perspectives* (Brannon 1999) oder *Handbuch Psychologie und Geschlechterforschung* (Steins 2010) haben nicht zwangsläufig etwas mit feministischen Ansätzen zu tun. Meist geht es in diesen Büchern um die Darstellung des psychologischen Forschungsstands rund um das Thema ›Geschlecht‹, ohne dass eine machtkritische Analyse intendiert ist. Aus diesem Grund schreiben wir nicht über Geschlechtertheorien oder gender-Theorien in der Psychologie, sondern über feministische beziehungsweise queer-feministische Psychologien.

Antifeminismus und Postfeminismus

Wer den Begriff Feminismus in Deutschland zu Beginn des 21. Jahrhunderts verwendet, muss mit heftigen Gegenreaktionen rechnen. Feministinnen seien ewig Gestrige, Männerhasserinnen, Spaßverderberinnen, sie seien nicht sexy und machten ihr persönliches Problem mit Weiblichkeit zu einem gesellschaftspolitischen Anliegen. Abgesehen davon gelten die wichtigsten Ziele des Feminismus als erreicht, die Gleichberechtigung der Geschlechter sei umgesetzt, vielleicht seien es jetzt sogar die Jungen, die in der Schule, im Hort oder in der Kinderbetreuung benachteiligt werden. Wenn jetzt noch Frauen in bestimmten gesellschaftlichen Bereichen unterrepräsentiert sind, liege das wohl an einem Wesensunterschied zwischen den Geschlechtern (Pinker 2008). Ansonsten genössen junge Frauen die Errungenschaften des Feminismus, ohne die giftige Kritik ihrer Mütter und ausgestattet mit einer neuen positiven Weiblichkeit. Angela McRobbie (2009) definiert diese Figur des positiven Bezugs auf den Feminismus (»der Feminismus war erfolgreich«) gekoppelt mit seiner Historisierung (»der Feminismus hat sein Ziel erreicht und ist daher aktuell nicht mehr wichtig«) als Postfeminismus. Auch wenn dieser tatsächlich den Feminismus partiell in die Gegenwart fortträgt, so ist er doch auch als antifeministisch zu entlarven. Fernab von der tatsächlichen Umsetzung seiner politischen Ziele wird der Feminismus bereits als Vergangenheit bezeichnet. Auf diese Weise wehrt der Postfeminismus feministische Kritik in der Gegenwart ab. Sie gilt von vorneherein als überholt und altmodisch.

Dieser antifeministische Diskurs bildet auch den Hintergrund, vor dem über die Verwendung des Begriffs Feminismus nachgedacht werden sollte. Es ist bedenkenswert, dass durch die Ersetzung des Begriffs Feminismus durch die neueren Varianten queer oder gender potenziell der gleiche anti-/postfeministische Diskurs bedient und der Feminismus als überholt darstellt wird. Auf der anderen Seite stellt es einen Vorteil dar, dass die Begriffe queer und gender im Deutschen positiv oder neutral konnotiert sind. Therese Frey Steffen (2006) argumentiert, dass der Begriff gender den »Zusammenhang zwischen Feminisierung und Entwertung« vermeidet und somit Türen für feministische Themen öffnen kann, die ansonsten von vorneherein verschlossen geblieben wären. Dies zeigt sich besonders deutlich an der erfolgreichen Etablierung von Gender Studies an deutschen Universitäten (siehe Hark 2005 für eine Analyse sowohl des Prozesses der Benennung als auch der Etablierung). Uns erscheint es aber insgesamt fragwürdig, auf einen politisch harmlosen Begriff auszuweichen und anti-/postfeministischen Diskursen nichts entgegenzusetzen. Es ist uns daher wichtig, die Bezeichnung »feministisch« beizubehalten.

Politiken der Benennung – Kontinuitäten und Diskontinuitäten

Anhand der bisherigen Ausführungen sollte deutlich geworden sein, dass sich die Debatten, die unter den Stichworten gender, queer und Feminismus geführt werden, stark überschneiden. Weit davon entfernt, wirklich unterschiedliche Ansätze zu bezeichnen und noch jeweils intern vielfältig und partiell inkohärent, kann auf der Basis der beschriebenen Phänomene schwer eine Entscheidung für oder gegen einen Begriff getroffen werden. Wir denken, dass Begriffe oft nicht aus einer sachlichen Notwendigkeit heraus ausgetauscht werden, sondern weil Autor_innen bestimmte Kontinuitäten aufzeigen und Diskontinuitäten herstellen möchten.

So ist die Ersetzung von Feminismus durch gender – neben den begrifflichen Differenzierungen – eine strategische Entscheidung. Für diesen Begriff spricht, dass er die Geschlechterordnung ›geschlechtsneutral‹ thematisiert. Er macht den Gedanken zugänglich, dass unter der Geschlechterordnung nicht nur Frauen leiden. Doch wie in der eingangs angeführten Definition von Feminismus deutlich wurde, kann auch dieser als Kritik an einer Geschlechterordnung gesehen werden, unter der selbstverständlich alle von der Norm abweichenden Menschen leiden, beziehungsweise in der selbst die normkonformen Menschen für ihre Konformität einen hohen Preis gezahlt haben. Gegen den Begriff gender spricht, dass er nicht eindeutig politisch und kritisch ist, vor allem nicht in der Psychologie. Wer sich mit gender beschäftigt, muss nicht notwendigerweise an Transformationen der Geschlechterordnung interessiert sein.

Wie bereits erwähnt, hat der Begriff queer gegenüber dem Begriff Feminismus den Vorteil, dass er eine enger zu fassende Bewegung bezeichnet, die sich gegen Identitätspolitiken, zugleich aber für die Destabilisierung der Geschlechterordnung einsetzt. Genau die gleiche Kritik und Politik wird von anderen als Feminismus bezeichnet, mit dem Nachteil, dass nicht auf den ersten Blick erkennbar ist, welcher Feminismus gemeint ist. Im Dienste einer Differenzierung ist also die Verwendung von queer vorzuziehen. Gleichzeitig ist aber zu beachten, dass hierdurch der Feminismus beschränkt auf die Ansätze wird, die es ›vor‹ Butlers Kritik an Identitätspolitiken und ›vor‹ der Thematisierung von Heteronormativität gab. Wie Annette Schlichter (2005) argumentiert, wird durch die Einführung des Begriffs queer der Feminismus historisiert und provinzialisiert. Queer sei das fortschrittlichere Konzept. Feminismus erscheint dadurch – in überzeichnet negativer Version – als unveränderlich, tendenziell homophob, ›colour blind‹ und an eine Patriarchatskritik gebunden. Diese Kritik ist richtig – in Bezug auf einige Feminismen, nicht aber als Kritik am Feminismus, der different und veränderlich ist. Die Historisierung des Feminismus ist aber auch eine der Strategien eines Anti- oder Postfeminismus. Queer und Antifeminismus treffen sich in ihrer Wirkung, die Diskontinuität des Feminismus zu markieren. Entscheidungen für bestimmte Benennungen werden – politisch und wissenschaftlich – strategisch getroffen. Als Autor_innen dieses Buchs schlagen wir daher den Begriff queer-feministisch vor, der sowohl hinreichend differenziert als auch die notwendigen Kontinuitäten zwischen queer und Feminismus aufzeigt. Queer steht für eine Variante des Feminismus, aber nicht für seine Ablösung.

2 Wissenschaftstheoretische Grundlagen

Nachdem wir im ersten Kapitel dargelegt haben, was wir sowohl unter »queer-feministisch« als auch unter »Psychologie« verstehen, rückt nun die Verbindung beider zu queer-feministischen Psychologien in den Fokus. Diese Verknüpfung eines politischen mit einem wissenschaftlichen Projekt ist dabei keinesfalls trivial und erfordert die in diesem Kapitel entwickelten wissenschaftstheoretischen Reflexionen. Im dominanten Wissenschaftsverständnis der Psychologie wird die Möglichkeit einer politischen oder gesellschaftskritischen Psychologie meist rigoros ausgeschlossen, wie zum Beispiel die ethischen Richtlinien der Deutschen Gesellschaft für Psychologie demonstrieren. Dort findet sich die Forderung, dass »Forschung und Lehre von Fremdbestimmung und wissenschaftsfremder Parteilichkeit freizuhalten« sind (DGPs und BDP 2004/2005, »Ethische Richtlinien«). Mit dem Hinweis auf die geforderte Werturteilsfreiheit wird politisch motivierte Forschung als unwissenschaftlich abgetan, wobei mehr oder weniger explizit auf Max Webers Werturteilsfreiheitspostulat Bezug genommen wird. Werturteilsfreiheit wird als Zustand der vollständigen Abgrenzung der Wissenschaften von politischen Werten verstanden. Wir vertreten hingegen die These, dass politische Wissenschaften – queer-feministische Psychologien im Speziellen – wissenschaftstheoretisch durchaus zu begründen sind. Dabei sind unterschiedlich gelagerte Überlappungen beider Projekte möglich, je nachdem, welches Wissenschaftsverständnis den Überlegungen zugrunde gelegt wird. Auch hier gilt es, wie im ersten Kapitel, die Vielfältigkeit der Verbindungen aufzuzeigen, die das Spannungsfeld zwischen Feminismus und Psychologie durchkreuzen. Eine besondere Pointe besteht darin, dass aus unserer Perspektive auch Webers Konzeption der Werturteilsfreiheit bestimmte Formen feministischer Wissenschaft ermöglicht – und eben nicht, wie häufig postuliert wird, kategorisch zurückweist.

Um diese Vielfältigkeit zu strukturieren, werden von uns zwei Systematisierungen eingeführt. Auf der *ersten* Ebene wird zwischen den Ansätzen unterschieden, denen eine nicht feministische Erkenntnistheorie zugrunde liegt (2.2), und jenen, die auf einer explizit feministischen Erkenntnistheorie basieren (2.3). Auf der *zweiten* Ebene werden drei Ansätze feministischer Erkenntnistheorien unterschieden: feministischer Empirismus, Standpunkttheorien und Postmodernismus.

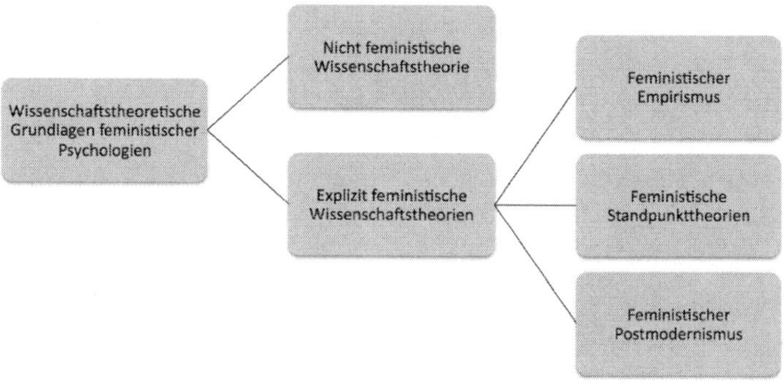

Grafik 1: Wissenschaftstheoretische Ausrichtungen feministischer Psychologie

Bevor auf diese kritisch-feministischen Entwürfe eingegangen wird, soll der Versuch unternommen werden, das dominante Wissenschaftsverständnis der Psychologie zu charakterisieren, von dem sie sich abgrenzen (2.1). Da diese Aufgabe eigentlich ein eigenes Buch, zumindest aber ein ausführliches eigenes

Kapitel erfordern würde, ist diese Darstellung notwendigerweise stark verkürzt (für eine ausführliche Darstellung sei auf Gadenne 2004 und Westermann 2000 verwiesen). Abschließend gehen wir auf Webers Entwurf der Werturteilsfreiheit ein, den wir im Sinne verschiedener feministischer und queerer Psychologien lesen (2.4).

2.1 Das dominante Wissenschaftsverständnis in der Psychologie

Die Psychologie versteht sich als eine empirische Wissenschaft und ist in weiten Teilen einem neopositivistischen, besser: einem kritisch-rationalistischen (im Sinne von Karl Poppers Falsifikationismus), teilweise aber auch naiv empiristischen Wissenschaftsverständnis verpflichtet. Die empirische Bewährung einer Theorie ist das zentrale Kriterium bei der Theoriebewertung. Nach einem naiv empiristischen Verständnis ist eine Theorie dann empirisch wahr, wenn die in ihr sprachlich ausgedrückten Relationen zwischen Objekten mit einer Struktur zwischen Objekten in der Welt korrespondieren. Eine Theorie lässt sich verifizieren, wenn das in ihr beschriebene Phänomen so in der Wirklichkeit vorkommt. Norbert Groeben (1997) bezeichnet dies als das Korrespondenzkriterium empirischer Wahrheit. Es basiert auf der Annahme, dass es sich bei Theorie und Empirie um zwei voneinander unabhängige Entitäten handelt, die miteinander im Rahmen empirischer Forschung abgeglichen werden können. Das Korrespondenzkriterium wurde unter anderem von den Positivisten des Wiener Kreises (zum Beispiel Moritz Schlick, Otto Neurath, Rudolf Carnap) in den 1920er und 1930er Jahren formuliert. Im Laufe des 20. Jahrhunderts wurde es aus verschiedenen Gründen problematisiert und findet sich auch in der Psychologie in liberalisierter Variante.

Besonders wichtig für die Psychologie ist Poppers ([1935] 1994) Kritik am Verifikationsprinzip geworden. Er hat gezeigt, dass sich nicht alle Aussagen empirisch belegen lassen, vor allem nicht universale Hypothesen (z.B. »alle Menschen können lernen«). Für einen empirischen Nachweis wäre eine Betrachtung aller Fälle notwendig, was praktisch unmöglich ist. Popper hat daher ein alternatives Prinzip vorgeschlagen: das Falsifikationsprinzip. Danach gelten Theorien nicht mehr als bestätigt, sondern vorläufig als bestätigt angenommen, solange sie noch nicht widerlegt worden sind. Nach diesem Prinzip sollten Forschende nicht mehr nach der Bestätigung einer Theorie suchen, sondern nach ihrer Widerlegung. Durch die kontinuierliche Verwerfung von Theorien ergibt sich eine Annäherung an die empirische Wahrheit, die damit aber nur approximativ zu erreichen ist. Es ist diese Position des empirischen Falsifikationismus, die in der Psychologie vorherrschend ist.

Neben dem Kriterium der empirischen Bewährung werden in der Psychologie weitere Kriterien für die Bewertung wissenschaftlicher Theorien herangezogen, ihnen wird aber eine vergleichsweise geringe Beachtung geschenkt. Hierzu gehören die analytischen Wahrheitskriterien (Widerspruchsfreiheit der Theorie, Güte der Definitionen, logisch korrekte Schlussfolgerungen), aber auch die Kriterien praktische Relevanz, Neuheit, Ökonomie und Anknüpfbarkeit (siehe Hussy/Jain 2002).

Wichtig ist festzuhalten, dass sich nach dieser empiristischen Vorstellung Wissenschaftlichkeit quasi zwischen einer Theorie und ihrem empirisch vorfindbaren Gegenstand abspielt. Hier entscheide sich, was wahr und falsch ist. In einem sogenannten Entscheidungsexperiment wird die Wahrheit einer Theorie an der Wirklichkeit gemessen. Alles, was zwischen die Theorie und die Empirie als eigene Instanz tritt, stelle die Wissenschaftlichkeit des gesamten Unternehmens infrage. Und das treffe in besonderem Maße auf die Forschenden, ihre Normen und Werte, Grundannahmen, oder für soziale Prozesse zwischen Forschenden zu. Je weniger diese die Entscheidung für oder gegen eine Theorie beeinflussen, desto objektiver sei die Entscheidung. Dazu gehören auch die politischen Einstellungen der Forschenden, von denen die Forschung freizuhalten ist (siehe die oben angeführten ethischen Richtlinien der DGPs und des BDP). Objektivität wird dementsprechend verstanden als vollständige Unabhängigkeit der Beobachtung vom Standpunkt der Beobachtung. Diese allgemeine Bestimmung wird in der Psychologie häufig konkretisiert (vor allem in Bezug auf die Güte von psychologischen Testverfahren), indem als Kriterium für Objektivität die intersubjektive Übereinstimmung zwischen Forscher_innen gefordert wird (Fröhlich 2008). Feministische Wissenschaft erscheint vor diesem Hintergrund als illegitim, mindestens aber als fragwürdig und erläuterungsbedürftig. Denn wie können feministische Werte die Forschung beeinflussen, ohne die Objektivität zu gefährden? Auf diese Frage haben Wissenschaftstheoretiker_innen verschiedene Antworten gefunden, die wir weiter unten darstellen.

Das hier stark verkürzt dargestellte empiristische Wissenschaftsverständnis ist unserer Erfahrung nach in der Psychologie gleichzeitig sowohl höchst aktuell und häufig vorzufinden, als auch in vielen wissenschaftstheoretischen Debatten als hoffnungslos überholt verworfen worden. Eine Darstellung dieses Modells wäre unvollständig, würde man nicht auch auf die vielfältigen Kritiken, Liberalisierungen (Groeben 1997, 1999) und Weiterentwicklungen hinweisen, die das 20. Jahrhundert mit sich gebracht hat. Zu nennen sind unter anderen die wissenschaftshistorischen Arbeiten von Thomas Kuhn (1976), die Entwicklung der strukturalistischen Theorieauffassung (z.B. Stegmüller 1979), in der Psychologie die Arbeiten von Groeben (1986) und die Entwicklung einer Kritischen Psychologie und Wissenschaftstheorie von Klaus Holzkamp (1972). Als zentral sind auch die feministischen Weiterentwicklungen des Empirismus einzuschätzen, auf die wir weiter unten eingehen.

Wir haben uns für eine Darstellung des empirischen Falsifikationismus entschieden, *erstens* aufgrund seiner ungebrochenen Wirksamkeit in der Psychologie und *zweitens*, weil er das Modell darstellt, von dem sich feministische Psychologien und Wissenschaftstheorien abgrenzen. Wir nehmen im Folgenden auf dieses wissenschaftstheoretische Modell Bezug, wenn wir von dem ›gängigen Wissenschaftsverständnis‹ oder dem ›*Main-*

stream‹ der Psychologie sprechen. Es sei zusätzlich angemerkt, dass der naive Empirismus als Wissenschaftsverständnis in den Psychoneurowissenschaften und Neurowissenschaften besonders ausgeprägt ist. Das Korrespondenzkriterium empirischer Wahrheit kommt hier sehr anschaulich zur Anwendung: Es wird mithilfe bildgebender Verfahren ›einfach geschaut‹, ob es den theoretisch postulierten Sachverhalt in Wirklichkeit gibt oder nicht – ohne dabei die Möglichkeiten und Bedingungen dieser Anschaulichkeit kritisch zu reflektieren (eine kritische Sichtweise wird jedoch zum Beispiel von Vertreter_innen einer critical neuroscience entwickelt: Slaby 2010; Choudhury/Slaby 2012).

2.2 Feministische Psychologien ohne explizit kritische Wissenschaftstheorie

Psychologische Forschung kann von feministischen Einstellungen und Werten beeinflusst werden, ohne dass ihr eine eigene, explizit feministische Wissenschaftstheorie zugrunde gelegt werden müsste. In diesen Fällen wird das gängige Wissenschaftsverständnis der Psychologie nicht infrage gestellt. Der Feminismus tritt von außen an die Forschung heran, ohne die wissenschaftsinternen Normen und Vorgehensweisen anzufechten. Dies trifft auf zwei Einflussnahmen zu, *erstens* auf die Veränderung des Forschungsschwerpunktes und *zweitens* auf die Korrektur nicht objektiver und androzentrisch verzerrter Forschung – beide werden hier vorgestellt.

Durch die politische Auseinandersetzung mit feministischen Bewegungen kann das Interesse an bestimmten Themen geweckt und der Fokus der Forschung verschoben werden. Wer sich kritisch mit Geschlechterverhältnissen beschäftigt, möchte vielleicht wissen, wie Frauen sich selbst einschätzen, wie Frauen und Männer am Arbeitsplatz miteinander kommunizieren, wie sich die sexuelle Identität von Schwulen entwickelt etc. Feminist_innen wenden sich an die Psychologie, um wissenschaftliche Einsichten in psychische Phänomene zu erlangen, die im Zusammenhang mit Geschlechtlichkeit stehen. Es kann so Wissen produziert werden, das Geschlechterverhältnisse aufzuklären hilft. Diese Forschung kann dann auf feministische Bewegungen zurückwirken, die das gewachsene Wissen für die Konzeption politischer Projekte nutzen können. Besonders eng ist der Zusammenhang zwischen wissenschaftlichem und politischem Engagement, wenn die Auswirkungen des eigenen feministischen Handelns wissenschaftlich erfasst und auf dieser Basis evaluiert werden.

Häufig geht die Verschiebung des Forschungsinteresses mit einer Kritik am Androzentrismus der herkömmlichen Forschung einher. Der Begriff Androzentrismus bezeichnet eine Sichtweise, die den Mann (stillschweigend) in den Mittelpunkt stellt oder zur allgemeingültigen Norm erhebt. Die bisherigen Leerstellen des Wissens in Bezug auf Geschlechtlichkeit, Sexualität oder Frauen werden demnach als politisch signifikant betrachtet. Es ist nicht beliebig, welche Themen bearbeitet oder nicht bearbeitet werden; ihre Auswahl ist Ausdruck gesellschaftlicher Machtkonstellationen. Feministisch orientierte Wissenschaftler_innen weisen darauf hin, dass Wissen über Frauen, aber auch über andere durch die Geschlechterordnung Benachteiligte, vernachlässigt wird. Durch die Veränderung des Forschungsschwerpunktes wird Personen eine Stimme gegeben (ganz wörtlich genommen, wenn diese in Untersuchungen interviewt werden), die sich bislang in den Wissenschaften kein Gehör verschaffen konnten. Doch nicht immer rücken bestimmte (marginalisierte) *Personengruppen* in den Fokus der feministischen Forschung, auch (psychische) Mechanismen der Unterdrückung, Macht und Ausgrenzung können in der herkömmlichen Forschung vernachlässigt und von feministischen Forscher_innen in den Blick genommen werden. Diese Verschiebungen des Forschungsgegenstandes müssen die Forschung selbst und die ihr zugrunde liegende Wissenschaftstheorie nicht beeinflussen.

Die in der *Mainstream*-Psychologie vertretenen Normen der Wissenschaftlichkeit, allen voran die der Objektivität, können auch für eine feministische Kritik an Forschung genutzt werden. So wird Forschenden von Feminist_innen vorgeworfen, dass sie diese Normen zwar für sich beanspruchen (und teilweise zusätzlich die Norm der Objektivität gegen feministische Wissenschaften in Anschlag bringen), ihnen aber selber nicht gerecht werden. Feministische Wissenschaftler_innen kritisieren, dass die angeblich objektive Forschung in Wirklichkeit, und meist in verdeckter Weise, androzentrisch verzerrt sei. Damit verpflichten sich feministische Wissenschaftler_innen selbst dem Standard wissenschaftlicher Objektivität; sie halten objektive Forschung für möglich und wünschenswert. Rhoda Unger und Mary Crawford (1996) listen folgende Schritte in Forschungsprozessen (und die hinzugefügten Beispiele) auf, die jeweils Ursprung androzentrischer Verzerrungen sein können:

- Formulierung der Forschungsfragen (Beispiel: Wirkt sich die Berufstätigkeit der Mutter negativ auf ihre Kinder aus? Im Gegensatz zu: Wirkt sich die Berufstätigkeit der Mutter oder des Vaters negativ auf ihre Kinder aus?)
- Wahl der Erhebungsverfahren (Beispiel: Ein Fragebogen, der die Rollen von Frauen beim Geschlechtsverkehr erfasst, stellt nur die Adjektive passiv, aggressiv, unterwürfig, empfangend zur Verfügung, nicht aber spielerisch, aktiv, freudvoll oder initiierend.)
- Wahl der Vergleichsgruppen und des experimentellen Designs (Beispiel: Eine Gruppe von Frauen aus verschiedenen Bildungsschichten wird mit einer Gruppe männlicher Collegestudenten verglichen.)
- Versuchspersonenauswahl (Beispiel: Allgemeinpsychologische Phänomene werden an rein männlichen Stichproben untersucht.)
- Auswahl eines statistischen Auswertungsverfahrens (Beispiel: Das Verfahren ist sensitiv für Unterschieden zwischen Gruppen, nicht aber für Gemeinsamkeiten.)
- Interpretation der Ergebnisse, Benennung der Effekte und Phänomene (Beispiel: Ein bei Frauen häufiger als bei Männern gefundener kognitiver Stil wird als »abhängig« im Gegensatz zu »unabhängig« bezeichnet.)
- Sprachgebrauch in der Veröffentlichung (Beispiel: Es werden ausschließlich männliche Sprachformen – das generische Maskulinum – verwendet.)

- Entscheidung für oder gegen die Veröffentlichung (Beispiel: Studien, die Unterschiede zwischen den Geschlechtern finden, werden häufiger veröffentlich als solche, die keine Unterschiede zeigen.)

Unger und Crawford (1996) argumentieren, dass auch eine nicht androzentrische Wissenschaft nicht vollständig objektiv und wertneutral sei, sondern auf der Norm basiere, dass Frauen und Männer gleich zu behandeln und zu bewerten seien. Dass es sich hierbei aber nicht um eine besonders radikale, feministische Norm handelt, sondern um ein in den meisten westlichen Verfassungen festgeschriebenes Grundgesetz, sollte betont werden. Auf der Basis dieser Norm fordern feministische Wissenschaftler_innen ›eigentlich nur‹ eine konsequente Umsetzung der wissenschaftlichen Standards, eine wirklich objektive und nicht ideologisch verzerrte Wissenschaft. Sie appellieren des Weiteren an das Ideal der Wissenschaft, allen Menschen zu dienen und »knowledge about all humanity« (Unger/Crawford 1996, S. 5) zu produzieren. Ähnlich verhält es sich mit dem Kriterium der empirischen Bewährung. Auch dieses klassische Kriterium wird von feministischen Wissenschaftler_innen in kritischer Absicht genutzt, wenn auf ungeprüfte Annahmen hingewiesen wird, die die Unterlegenheit von Frauen oder die Überlegenheit von Männern postulieren.

Da diese kritischen Herangehensweisen die gängige Wissenschaftsauffassung nicht infrage stellen, erscheinen die vollzogenen Verbindungen von Feminismus und Psychologie als wissenschaftstheoretisch unproblematisch. Es reicht der Appell an die bereits in der (jeweiligen) *scientific community* anerkannten Kriterien und die Forderung nach ihrer Umsetzung. Die bestehende Wissenschaft so an ihre eigenen Ideale zu erinnern, ist eine effektive und machtvolle kritische Strategie. Von den in diesem Buch vorgestellten Psychologien verwenden diese Strategie vor allem die zu Geschlechterunterschieden und -gemeinsamkeiten arbeitenden Psycholog_innen (Kapitel 5). Sie kritisieren die Verzerrungen herkömmlicher Forschung anhand der Normen objektiver und werturteilsfreier Forschung.

Die sozialpsychologisch orientierten Forschungen (Kapitel 6) sind auch dem psychologischen *Mainstream* verpflichtet, ihre speziellen Forschungsinteressen sind aber vom Feminismus beeinflusst. Das gilt auch für einige der *psychology of women* zuzuordnende Arbeiten (Kapitel 4).

2.3 Explizit feministische Wissenschaftstheorien

Während die bisher vorgestellten feministischen Forschungsansätze entweder eine veränderte Auswahl an Forschungsgegenständen vornehmen oder androzentrische Verzerrungen der Erkenntnis aufdecken, gehen andere Theoretiker_innen einen Schritt weiter, indem sie die wissenschaftstheoretische Fundierung, die Normen der Wissenschaftlichkeit oder die Forschungsmethoden selbst als von der Geschlechterordnung durchdrungen ansehen, weshalb sie aus feministischer Perspektive zu kritisieren sind. Als Konsequenz werden von feministischen Wissenschaftler_innen explizit feministische Wissenschaftstheorien (siehe auch den entsprechenden Eintrag »Feminist Epistemology and Philosophy of Science« in der *Stanford Encyclopedia of Philosophy* 2009) entworfen, die zukünftige Forschungen fundieren sollen. Grob lassen sich diese Entwürfe drei verschiedenen Ansätzen zuordnen, dem Empirismus, den Standpunkttheorien und dem Postmodernismus.

Feministischer Empirismus

In Theorien des feministischen Empirismus wird das zentrale Kriterium des Empirismus – die Bewährung der Theorie an der Wirklichkeit – beibehalten und durch zusätzliche Kriterien angereichert. Ausgangspunkt der Überlegungen ist die These, dass die Frage nach der wissenschaftlichen Akzeptanz einer Theorie immer schon (und nicht nur in unwissenschaftlichen oder durch Ideologien verzerrten Theorien) durch mehr Faktoren beeinflusst wird als durch den Grad der empirischen Bewährung. Helen Longino (1990) bezeichnet dies mit Bezug auf Willard van Orman Quine als das Unterdeterminiertheitsargument. Die Wahrheit einer Theorie ist nicht – wie es in dem Modell des Entscheidungsexperiments (siehe 2.1) erscheint – eindeutig empirisch feststellbar, aus verschiedenen Gründen:

Erstens werden immer nur bestimmte Aspekte einer Theorie mit ausgewählten Methoden untersucht. Die Entscheidung für eine bestimmte Operationalisierung ist beeinflusst durch das Hintergrundwissen und die Grundannahmen der Forschenden.

Zweitens besteht eine Theorie nicht nur aus empirisch überprüfbaren Sätzen, sondern auch aus Grundannahmen, die die Formulierung der Fragen, Probleme und Thesen der Theorie überhaupt erst ermöglichen. Solange man sich im begrifflichen und konzeptuellen Rahmen einer Theorie bewegt, kann man die Grundannahmen nicht überprüfen, sondern muss ihre Gültigkeit voraussetzen.

Drittens liegen der Erhebung und Interpretation der empirischen Daten Erklärungsmodelle (und häufig statistische Modelle) zugrunde, die festlegen, wie viele Faktoren berücksichtigt werden können und in welchen Relationen sie zueinander stehen. Diese Beschreibung von Theorien als aus Grundannahmen, Hintergrundwissen und empirisch überprüfbaren Sätzen bestehend wird auch als strukturalistische Theorieauffassung oder non-statement-view bezeichnet. In Bezug auf die Psychologie haben Walter Herzog (1984) und Groeben (1986) herausgearbeitet, dass sich hinter vielen Grundannahmen bestimmte Menschenbilder verbergen.

Basierend auf der Annahme, dass Grundannahmen, Hintergrundwissen und Erklärungsmodelle beeinflussen, welche Theorie sich wissenschaftlich bewährt, fordern feministische Empirist_innen ihre Explikation. Für die Psychologie bedeutet dies die Artikulation der Menschenbilder (Erb 1997; Groeben/Erb 1997; Straub 2010), des psychologischen Hintergrundwissens (zum Beispiel über Operationalisierungen) und der statistischen und erklärenden Modelle (Kochinka/Werbik 1997). Doch ist ihre offene Beschreibung nur der erste Schritt, dem sich eine kritische Bewertung aus feministischer Perspektive anschließen sollte. Diese Bewertung erfordert wiederum Normen – welche Menschenbilder sind aus feministischer Sicht akzeptabel, welche Erklärungsmodelle gelungen und welches Hintergrundwissen ist heranzuziehen? Es geht hierbei eindeutig nicht um die Frage, welche Theorien wahr oder falsch sind, sondern um ihre Akzeptanz vor einem normativen Hintergrund.

Welche Normen dies sind, kann (und sollte) nicht von einzelnen Wissenschaftler_innen festgelegt werden, sondern ist Gegenstand von Aushandlungsprozessen sozialer Gemeinschaften. Aus diesem Grund verankern feministische Empirist_innen wie Longino (1990, 1994, 2002) die wissenschaftliche Güte einer Theorie auch in der Güte der über ihre Grundannahmen entscheidenden Gemeinschaft. Wissen ist sozial und nach Longino umso objektiver, je demokratischer und egalitärer es diskutiert werden kann. Das bedeutet aber auch, dass sich die Normen je nach Gemeinschaft und ihrem Kontext und ihrer Zeit verändern. Was eine gute Theorie ist, oder was eine gute, feministische Theorie ist, wird immer nur provisorisch festgelegt. Eine beispielhafte Festlegung auf bestimmte Kriterien findet sich in den Schriften von Longino. Wissenschaftliche Theorien sollten nach ihr Frauen nicht benachteiligen oder ignorieren und verhindern, dass die Wirksamkeit der sozialen Kategorie Geschlecht aus den Augen verloren wird.

Es kann zusammengefasst werden, dass im feministischen Empirismus die Abgrenzung zwischen normativen Aussagen und Objektivität radikal anders bestimmt wird als in positivistischen Wissenschaftstheorien. Objektivität, verstanden als Freiheit von normativen Aussagen, ist nach diesen Positionen eine Illusion – Werturteile beeinflussen Theorien immer – und die Postulierung von Objektivität als Ideal verschleiert die Wirksamkeit von Normen und Werten zusätzlich. Im Gegensatz dazu werden die Explikation der Normen und ihre kritische Diskussion gefordert. Die Beeinflussung einer Theorie durch Normen ist dabei umso objektiver, je demokratischer die sozialen Bedingungen für ihre kritische Diskussion sind. Es sei hinzugefügt, dass feministische

Empirist_innen zusätzlich die positivistischen Kriterien für die Theoriebewertung übernehmen, ihnen aber eine ›feministische Note‹ hinzufügen. So wird weiterhin empirische Bewährung gefordert, die vor allem dann ein wichtiges Korrektiv darstellt, wenn sich im weitesten Sinne ›antifeministische‹ Theorien nicht empirisch bewähren. Auch praktische Relevanz bleibt zentrales Kriterium, nur mit dem Unterschied, dass hier die Relevanz für das Projekt des Feminismus in den Blick genommen wird. Einen ähnlichen Gedanken kann man in den Schriften von Unger und Crawford entdecken, die betonen, dass sich feministische Wissenschaftler_innen mit einer Vielfalt an Ansätzen und Methoden »an die Arbeit machen« sollten.

Zuletzt sei angemerkt, dass die hier erläuterte Position des feministischen Empirismus in gleicher Form auch von anderen gesellschaftskritischen Projekten übernommen werden kann, zum Beispiel aus einer antirassistischen Position heraus. Longino macht explizit deutlich, dass ihr Empirismus nicht exklusiv feministisch ist. Sie denkt vielmehr über wissenschaftstheoretische Fragen als Feministin nach – und entwickelt damit eine allgemein kritische Wissenschaftstheorie mit feministischem Schwerpunkt. Keiner der in diesem Buch vorgestellten Psychologien liegt eine so elaborierte Wissenschaftstheorie zugrunde, wie sie beispielsweise von Longino entwickelt wurde. Am ehesten entsprechen die konstruktivistischen und diskursanalytischen Arbeiten (Kapitel 7) diesem Wissenschaftsverständnis.

Feministische Standpunkttheorien

Standpunkttheoriker_innen nehmen an, dass Menschen je nach ihrer Position in gesellschaftlichen Machtverhältnissen unterschiedliches Wissen erlangen können und daher für bestimmte Erkenntnisprozesse mehr oder weniger geeignet sind. Für die Untersuchung hierarchischer Verhältnisse, zum Beispiel zwischen Geschlechtern, Klassen oder Nationen, wird der unterdrückten Gruppe ein epistemologisches Privileg zugesprochen. Während Personen in herrschenden Positionen an der Aufrechterhaltung dieser Verhältnisse interessiert sind und diese dementsprechend wahrnehmen, haben Unterdrückte potenziell einen direkteren Erkenntniszugang zu den Machtmechanismen. Standpunkttheorien erkennen aber gleichzeitig an, dass Machtverhältnisse mit Ideologien einhergehen, die den Blick auf die Mechanismen der Unterdrückung sowohl aufseiten der Unterdrücker als auch aufseiten der Unterdrückten verstellen. Durch entsprechende Aufklärung, zum Beispiel in sogenannten *consciousness raising groups*, kann aber Einsicht sowohl in die Ideologie, als auch in die wahren Machtkonstellationen erlangt werden. Standpunkttheorien sind besonders prominent im Rahmen marxistischer Ansätze formuliert worden. Entwickelt wurden sie unter anderem von Georg Lukács (1971).

Feministische Standpunkttheorien (z.B. Collins 1990; Hartsock 1987; Rose 1983; Smith 1974) gehen von einem epistemologischen Privileg von Frauen aus – aufgrund ihrer sozialen Position als Frauen können sie Einblick in die Mechanismen der Geschlechterordnung gewinnen. Diese Geschlechterordnung wird von Standpunkttheoretiker_innen meist als patriarchales Machtsystem beschrieben. Diesem Modell entsprechend wird die Trennung von Menschen in Frauen und Männer vorausgesetzt, die für die Fundierung einer epistemologischen Privilegierung von Frauen zentral ist. Es sei aber hinzugefügt, dass Standpunkttheorien nicht notwendigerweise an ein Patriarchatsmodell und die dichotome Differenzierung von Frauen/Männern gebunden sind, diese Bindung aber historisch vorherrschend war und ist. Es wäre genauso denkbar, die Gruppe der durch die Geschlechterordnung Benachteiligten zu differenzieren und von vielfältigen, jeweils privilegierten Perspektiven zu sprechen (dies ist auch von verschiedenen Theoretiker_innen ausgearbeitet worden, wie zum Beispiel der Titel »Situated knowledges: The science question in feminism and the privilege of partial perspective« eines Aufsatzes von Donna Haraway (1988) andeutet; für weitere Erläuterungen siehe den Abschnitt zum Postmodernismus).

Wie genau aus einer sozialen Position eine bestimmte Wahrnehmungs- und Denkweise entsteht, wird von Standpunkttheorien mit Rückgriff auf psychologische oder psychoanalytische Modelle erklärt. Sie erläutern, wie auf der Basis bestimmter Lebenserfahrungen kognitive und affektive Strukturen entstehen, die relevant für die Erkenntnis sind. In der Psychologie liegen feministische Standpunkttheorien vor allem einigen Arbeiten der sogenannten *psychology of women* zugrunde (Kapitel 4).

Feministischer Postmodernismus

Trotz ihrer Kritik an den Wissenschaften behalten Standpunkttheorien und feministischer Empirismus das Ideal des empirisch bewährten Wissens bei, dem durchaus eine aufklärerische Funktion für das Projekt des Feminismus zugesprochen wird. Eine andere Perspektive auf Wissen wird von postmodernen Theoretiker_innen eingenommen. Wissen kann zwar auch aus ihrer Perspektive aufklärerisch sein, aber nicht aufgrund seiner die Wahrheit aufdeckenden Funktion. Postmodernen Theoretiker_innen geht es stärker um die Formen, inneren Gesetzmäßigkeiten und Wirkungen von Wissen selbst als um die Frage nach dem Verhältnis zur zu erkennenden Wirklichkeit. Wissen wird als ein System verstanden, das sich durch interne Verweise auf Wissensbestände stabilisiert und hierfür keiner empirischen Fundierung bedarf. Zusätzlich wird auf den die Wirklichkeit formenden Aspekt von Wissen hingewiesen. Wissen ist nicht Abbild der Welt, es ist an der Konstruktion dieser Welt beteiligt. Damit rückt auch die politische Dimension von Wissen, dessen Formulierung immer eine Machtintervention darstellt, in den Fokus. Dementsprechend weisen postmoderne Theoretiker_innen auf die Verantwortung hin, die Wissenschaftler_innen bei der Produktion von Wissen tragen.

Die Darstellung feministischer, postmoderner Wissenschaftstheorie in diesem Buch basiert vor allem auf dem bereits erwähnten Aufsatz »Situated knowledges: The science question in feminism and the privilege of partial perspective« der Biologin, Feministin und Naturwissenschaftshistorikerin

Haraway (1988). Da dieser Text aber auch den feministischen Empirismus maßgeblich beeinflusst hat und die Autorin darin selbst Bezug auf Standpunkttheorien nimmt, sind nicht alle Gedanken des feministischen Postmodernismus exklusiv und neu. Es sollen hier fünf Aspekte postmoderner Wissenschaftstheorien dargestellt werden, da eine umfassende Beschreibung den Rahmen dieses Buchs sprengen würde.

Im Zentrum steht die Einsicht in die *Perspektivengebundenheit jeder Erkenntnis*. Objektive Erkenntnis im Sinne einer Sicht auf die Welt von nirgendwo ist nicht möglich. Indem die (Natur-)Wissenschaften dieses Ideal aber für sich in Anspruch nehmen, geben sie ihre partikulare Sicht als universal aus. Haraway beschreibt diese Perspektive in provokanter Weise als die von weißen Männern in den USA:

> »This gaze signifies the unmarked Position of Man and White, one of the many nasty tones of the word objectivity to feminist ears in scientific and technological, late-industrialized, militarized, racist, and male-dominant societies, that is, here in the belly of the monster, in the United States in the late 1980s« (Haraway 1988, S. 581).

Doch die Einsicht in diese Partikularität naturwissenschaftlichen Wissens ist nur der erste Schritt einer feministischen, (natur-)wissenschaftlichen Intervention. Da diese Partikularität nicht aufhebbar ist, sollte sie durch die Diversifizierung und Pluralisierung der Perspektiven und des Wissens korrigiert werden. Postmoderne Theoretiker_innen wie Haraway rufen daher dazu auf, sich mit den unterschiedlichsten, vor allem aber mit feministischen Perspektiven an den Wissenschaften zu beteiligen und so zu einer Verschiebung des wissenschaftlichen Diskurses beizutragen. Feminist_innen sollen ihrer Meinung nach zu den Naturwissenschaften und den »high stakes tables of the game of contesting public truths« (ebd., S. 578) zurückkehren, um dort Wissen zu produzieren, »[which offers] a more adaquate, richer, better account of a world, in order to live in it well and in critical, reflexive relation to our own as well as others practices of domination and the unequal parts of privilege and oppression that make up all positions« (ebd., S. 579).

Diese Verschiebung und Veränderung des dominanten Wissens ist deshalb so wichtig, weil Wissen die Macht zukommt, die Welt zu formen, festzuschreiben oder zu verändern. Postmoderne Theorien betonen insbesondere die Wirksamkeit der meist dualistischen Kategorien des Wissens. Von Haraway sind Listen bekannt geworden, in denen sie *duale Kategorien westlichen Denkens* aufführt, unter anderem Leib/Seele, Natur/Kultur, Organismus/Maschine, Frau/Mann, Tier/Mensch, primitiv/zivilisiert. Des Weiteren ist hier die Kritik von Judith Butler an den Kategorien sex/gender, Homosexualität/Heterosexualität und Mann/Frau zu nennen. Die Wirksamkeit dieser Kategorien auf Systeme des Wissens wird diskursanalytisch aufgezeigt, verbunden mit einer Kritik an hierdurch entstehenden Hierarchisierungen. Denn hier liegt das eigentliche Probleme der Dualitäten: Sie strukturieren soziale Wirklichkeiten und üben Macht aus, indem sie Menschen zur Konformität mit ihrer hierarchisierenden Struktur zwingen. Wer zum Beispiel weder Mann noch Frau ist, ist in der Ordnung des Wissens nicht existent. Auch wer sich als Mann statt für Maschinen und Technik für organische Formen in der Natur interessiert (und diese auch nicht mit einer Hightech-Kamera einfängt), erregt zumindest Aufmerksamkeit, wenn er nicht Ablehnung erfährt. Feministische, postmoderne Theorien sind aber gleichzeitig durch die Skepsis geprägt, inwieweit eine Kritik der Kategorien zu ihrer Veränderung führen kann. Es wird angenommen, dass eine radikale Verwerfung nicht möglich ist, aber Veränderung durch subversive Verschiebungen und Rekonstruktionen durchaus gelingen kann. Auf die Methode der Dekonstruktion, die auf den Schriften von Jacques Derrida aufgebaut ist, gehen wir in Kapitel 7 ausführlicher ein.

Die postmoderne Kritik an den (westlichen) Kategorien des Denkens ist von Feminist_innen vor allem auch zu einer Kritik am Feminismus selbst und an seinen zentralen binären Kategorien Frau/Mann und sex/gender gewendet worden.

Viele Feminismen beruhen auf der Trennung von Menschen in Männer und Frauen und setzen die Existenz einer Kategorie »Frau« voraus. Eine Politik, die auf diesen Annahmen beruht, sieht sich mit verschiedenen Problemen konfrontiert, wie bereits in Kapitel 1 gezeigt wurde. Aber auch für die feministischen Wissenschaften ist diese postmoderne Kritik wichtig und herausfordernd. Sie legt nahe, in der eigenen Forschung die vorgegebenen Kategorien zu hinterfragen und wenn möglich zu unterlaufen. Es kann demnach weniger darum gehen, Männer und Frauen zu vergleichen oder das Besondere im Leben von Frauen zu erforschen, als die Vielfältigkeit von Lebensweisen zu zeigen und ihre Einteilung in zwei Kategorien als ungenaue Verallgemeinerung zu entlarven. Kommt dem Wissen tatsächlich die Macht zu, Realitäten hervorzubringen, so ist eine Arbeit mit den binären Kategorien als grundsätzlich problematisch anzusehen – werden sie durch ihre Anwendung doch erneut stabilisiert. Es ist dies ein anschauliches Beispiel für die selbstreflexive Arbeit feministischer Wissenschaftler_innen. Die Strategie, Politik und Wissenschaft ›für Frauen‹ zu machen, erweist sich zumindest zum Teil als problematisch, schreibt sie doch die hierarchisierende Kategorie der Geschlechter fest. Wie allerdings eine Forschung jenseits solcher Kategorien des Wissens aussehen kann, ist in vielen Bereichen eine offene Frage. Das betrifft ganz besonders experimentelle psychologische Forschungen, die in ihren Forschungs- und statistischen Auswertungsdesigns binäre Kategorien geradezu inflationär verwenden.

Eine weitere für die Forschung so zentrale kategoriale Unterscheidung wird vonseiten des Postmodernismus kritisiert, nämlich diejenige zwischen Subjekt und Objekt der Untersuchung. Der zweite Teil von Haraways Aufsatz »Situiertes Wissen« ist als Plädoyer für die Anerkennung der Objekte der Forschung als eigenständige Subjekte zu lesen. In Bezug auf die Psychologie ist diese Forderung aufgrund ihres Gegenstands Mensch besonders wichtig, aber gleichzeitig keine Innovation von Haraway. Die Einbeziehung der *Versuchspersonen als Subjekte* ist von vielen gefordert worden, unter anderem von feministischen Psycholog_innen der verschiedensten Richtungen. Haraways Vorschlag ist aber in Bezug auf andere Naturwissenschaften radikal, weil sie ihn auch auf nicht menschliche Versuchsobjekte ausweitet, also auf Tiere, Partikel, Pflanzen etc. Haraway stellt die ontologische und epistemologische Privilegierung des Menschen radikal infrage. Sie sieht Natur nicht länger als ›Rohmaterial‹ an, sondern als eine Gemeinschaft der unterschiedlichsten Akteur_innen. Obwohl diese theoretische Wendung – auch als *ontological turn* bezeichnet – für feministische Wissenschaftstheorien sowie soziologische und philosophische Auseinandersetzungen mit den Naturwissenschaften ausgesprochen wirksam geworden ist (und unter anderem von Bruno Latour 1999, 2005 oder Karen Barad 1998, 2003, 2007 weitergeführt worden ist), soll hier auf sie nicht weiter eingegangen werden. Wie erwähnt, ist ihre Kritik in Bezug auf die Psychologie und ihren Gegenstand Mensch weit weniger radikal.

Ein letzter wichtiger Aspekt postmoderner feministischer Wissenschaftstheorien ist die Forderung nach *Verantwortungsübernahme*. Wissenschaft wird als Gestaltung von Realität verstanden und sollte dementsprechend bewusst durchgeführt werden. Diese Forderung bildet auch den Gegenpart zu der von postmodernen Theoretiker_innen postulierten Partikularität und Relativität allen Wissens. Gerade weil es nach der hier skizzierten Auffassung kein wahres und falsches Wissen gibt, sondern differente Wissensbestände, kommt es den Forschenden zu, die richtigen, und das heißt vor allem die normativ richtigen Wissensbestände zu produzieren. Dass hierbei der Feminismus keine einheitlichen Normen vorgeben kann, ist nach dem einleitenden Kapitel und der hier vorgestellten postmodernen Position vermutlich deutlich geworden. Auch der Feminismus ist different und partikular. Ein postmodernes Wissenschaftsverständnis liegt den dekonstruktivistischen und queeren Psychologien (Kapitel 7 und 8) zugrunde.

2.4 Max Webers Werturteilsfreiheitspostulat und feministische Psychologien

Max Weber geht in dem Text »Die ›Objektivität‹ sozialwissenschaftlicher und sozialpolitischer Erkenntnis« ([1904] 1973) der Frage nach, wie wissenschaftliche Erkenntnis mit einer Kritik an sozialpolitischer Praxis zu vereinbaren ist. Auf die eine Seite stellt er die Wissenschaft, die nach objektiver Erkenntnis des Seienden strebt; auf die andere Seite das Seinsollen, die normativen Urteile, Werturteile in Webers Worten, die Politik leiten. In welches Verhältnis sollen das Seiende und das Seinsollende in den Wissenschaften gebracht werden? Weber bestimmt die Werturteilsfreiheit der Wissenschaft folgendermaßen: »Wir sind der Meinung, daß es niemals Aufgabe einer Erfahrungswissenschaft sein kann, bindende Normen und Ideale zu ermitteln, um daraus für die Praxis Rezepte ableiten zu können« (ebd., S. 149). Wissenschaftliche Erkenntnis kann demnach keine Werturteile hervorbringen oder diese legitimieren, »die Geltung solcher Werte zu beurteilen, ist Sache des Glaubens« (ebd., S. 152). Oder anders formuliert: Weltanschauungen sind »niemals Produkt fortschreitenden Erfahrungswissens« (ebd., S. 154). Der von Weber angesprochene Versuch der Legitimierung von Normen durch Fakten wird in anderen Zusammenhängen auch als Seinsollen-Fehlschluss bezeichnet. Werturteilsfreiheit bedeutet demnach die Vermeidung solcher Fehlschlüsse.

Diese Bestimmung der Werturteilsfreiheit bedeutet aber gerade nicht, dass Werturteile der wissenschaftlichen Diskussion entzogen werden sollten. Weber listet hingegen folgende notwendige Thematisierungen auf:

- Normative Zwecksetzungen können in einer bestimmten historischen Situation als realistisch oder unrealistisch eingeschätzt werden.
- Bei gegebenem Zweck kann die Eignung der Mittel beurteilt werden. Des Weiteren können Nebeneffekte der eingesetzten Mittel sowie ihre Kosten abgeschätzt werden.

- Werturteile können untersucht werden. Man kann versuchen zu verstehen, warum etwas gewollt wird. Des Weiteren kann man Werturteile ergründen, indem man die ihnen zugrunde liegenden letzten Axiome herausarbeitet.
- Werturteile können kritisiert werden, allerdings nur anhand des Kriteriums der inneren Widerspruchsfreiheit. Die Bewertung anhand von externen Kriterien hingegen würde gegen das Werturteilsfreiheitspostulat verstoßen.

Weber zieht das Fazit, dass »eine empirische Wissenschaft niemanden zu lehren [vermag], was er soll, sondern nur, was er kann und – unter Umständen – was er will« (ebd., S. 151). Zuletzt geht Weber darauf ein, dass in der Person des Forschenden immer beides zusammenkommt – Werturteile und objektive Erkenntnis. Wissenschaftler_innen ohne persönliche Weltanschauungen sind demzufolge nicht denkbar und auch nicht wünschenswert: »Gesinnungslosigkeit und wissenschaftliche Objektivität haben keinerlei innere Verwandtschaft« (ebd., S. 157). Problematisch ist dieses Zusammentreffen von Urteilenden und Erkennenden in einer Person dann, wenn die Werturteile unreflektiert die wissenschaftliche Arbeit beeinflussen. Weber schlägt drei Maßnahmen vor, um die Werturteile der Wissenschaftler_innen ›in den Griff zu bekommen‹, nicht aber, um diese zu verbieten:

- Forschende sollen die eigenen Werturteile explizieren. Es ist »den Lesern und sich selbst scharf zum Bewußtsein zu bringen, welches die Maßstäbe sind, an denen die Wirklichkeit gemessen und aus denen das Werturteil abgeleitet wird, anstatt, wie es nur allzu oft geschieht, durch unpräzises Ineinanderschieben von Werten verschiedenster Art sich um die Konflikte zwischen den Idealen herumzutäuschen und ›jedem etwas bieten‹ zu wollen« (ebd., S. 156).
- Auseinandersetzungen über Werturteile sollten publiziert werden, allerdings klar von erkenntniswissenschaftlichen Texten unterschieden werden.

- Politische Gegner sollten sich zur wissenschaftlichen Arbeit zusammenfinden, da dies die wissenschaftliche Güte der Forschungsarbeiten erhöht.

Spätestens an diesen Maßnahmen zum Umgang mit Werturteilen wird deutlich, dass sich Webers Überlegungen zur Werturteilsfreiheit durchaus mit feministischen Wissenschaftstheorien überschneiden. Dass die Vielfalt der politischen Meinungen und Werte der beteiligten Forschenden zur Güte der wissenschaftlichen Arbeit beiträgt, postuliert auch Longino (1990). Die Explikation der eigenen Werturteile (sowie der Grundannahmen und des Hintergrundwissens) steht im Zentrum des feministischen Empirismus. Auch die weiter oben aufgelisteten möglichen Thematisierungen von Werturteilen sind für feministische Wissenschaften relevant. Dies gilt sowohl für die wissenschaftliche Beurteilung der Brauchbarkeit bestimmter Mittel zum Erreichen feministischer Zwecke, als auch für die eingehende Beschäftigung mit den eigenen Werturteilen. Zuletzt findet sich selbst Webers Werturteilsfreiheitspostulat in feministischen Ansätzen wieder: Die Zurückweisung von Seinsollen-Fehlschlüssen im Bereich der Geschlechterordnung stellt ein zentrales Anliegen feministischer Wissenschaften dar. So werden immer wieder Unterschiede zwischen Männern und Frauen deskriptiv erfasst, um dann auf dieser Basis für die Beibehaltung dieser Unterschiede zu plädieren. Diese Argumentationsfigur findet sich vor allem in Bezug auf ›biologische Unterschiede‹ – und sie wird seit Simone de Beauvoir ([1949] 2007) von Feminist_innen zurückgewiesen.

Trotz dieser Überschneidungen wurden in diesem Kapitel auch feministische Wissenschaftstheorien vorgestellt, die sich inhaltlich deutlich von Webers Position unterscheiden. Dies gilt insbesondere für die Standpunkttheorien, aber auch für die postmodernen Ansätze, deren Verständnis von ›Wissen‹ und ›Wissenschaft‹ mit Webers Überlegungen unvereinbar ist. Des Weiteren ist zu betonen, dass selbstverständlich auch die Praxis von feministischen Wissenschaftler_innen nicht immer dem entspricht, was Weber als idealen Umgang mit

Werturteilen beschreibt. Zum Beispiel ist die Offenheit für die Zusammenarbeit mit politischen Gegnern nicht immer eine Stärke feministischer Wissenschaften. Auch zahlreiche Seinsollen-Fehlschlüsse lassen sich finden. Zum Beispiel, wenn zunächst empirisch die Gleichheit von Frauen und Männern in Bezug auf bestimmte Fähigkeiten festgestellt wird, um dann Gleichberechtigung politisch zu fordern. Ähnliches gilt für das Argument, dass aufgrund der Existenz von sogenannten biologischen Abweichungen (z.B. Intersexen) die dichotom konzipierte Geschlechtseintragung im Personalausweis aufgehoben werden sollte. Beide Schlüsse ziehen aus einer Beschreibung eine normative Konsequenz, ohne die dahinterliegende Norm zu explizieren (z.B. die Norm, dass jeder Mensch die Möglichkeit haben sollte, sich entsprechend der eigenen Fähigkeiten zu entwickeln, bzw. im zweiten Beispiel die Norm, dass rechtliche Kategorisierungen zu den biologischen Körpern passen sollten).

2.5 Kritische Zusammenfassung

In diesem Kapitel wurden verschiedene Verbindungen zwischen psychologischer Forschung und dem Feminismus aufgezeigt. Zunächst wurden Ansätze vorgestellt, die gängige Wissenschaftsauffassungen nicht infrage stellen. Sie sind trotzdem als feministisch zu bezeichnen, weil entweder ihr Forschungsinteresse durch politische Fragen und Probleme geleitet wird oder weil sie androzentrische und ideologische Verzerrungen der Forschung mithilfe der allgemein akzeptierten Kriterien der Wissenschaftlichkeit aufzeigen. Des Weiteren haben wir explizit feministische Wissenschaftstheorien vorgestellt, die wir in die drei Positionen Standpunkttheorien, Empirismus und Postmodernismus unterteilt haben.

Diese zweite Einteilung soll abschließend kritisch infrage gestellt werden, da sich die drei Positionen teilweise stark überlagern. Die Partikularität allen Wissens, wie sie von Haraway postuliert wird, ist von Standpunkttheorien nicht scharf zu unterscheiden. Denn vermutlich geht mit der Partikularität des Wissens auch einher, dass sich bestimmte Phänomene aus der einen oder anderen Perspektive besser, zumindest aber anders beobachten lassen. Auch zwischen dem feministischen Empirismus, wie er hier mit Bezug auf Longino vorgestellt wurde, und dem Postmodernismus sind viele Parallelen festzustellen – was zu erwarten ist, da sich Longino auf Haraway bezieht. Longinos feministischer Empirismus könnte auch sinnvoll als feministischer postmoderner Empirismus bezeichnet werden. Bestimmte Forderungen verbinden alle Positionen, so die Forderung nach Verantwortlichkeit, die Einsicht in die Perspektivengebundenheit des Wissens, die Aufforderung an Feminist_innen (natur-/wissenschaftliche) Forschung zu betreiben, und die Kritik an androzentrisch verzerrter, aber scheinbar objektiver Forschung.

Die Vielfältigkeit der möglichen Verbindungen zwischen Feminismus und Psychologie ist beeindruckend. Sie bietet den unterschiedlichsten Wissenschaftler_innen die Möglichkeit, ihre Forschung durch den Feminismus beeinflussen zu lassen. Nicht jede_r muss dafür seine_ihre eigene Forschungstradition verlassen und eine spezielle Wissenschaftstheorie heranziehen. Manche wissenschaftstheoretischen Debatten sind kompliziert – man mag sie heranziehen und die eigene Forschung radikal verändern, oder aber auch die Wissenschaftsauffassung des *Mainstreams* beibehalten und dort andere Themen einbringen und Verzerrungen korrigieren. Uns ist die Darstellung dieser Vielfältigkeit, die wir selbst nicht in eine wertende Reihenfolge bringen könnten, sehr wichtig. Zu genau kennen wir die Unsicherheit, die eine_n überkommt, wenn man in einer scheinbar objektiven Wissenschaft wie der Psychologie ausgebildet wurde, aber dann feministisch inspirierte Forschung betreiben möchte. Dieses Kapitel ist auch das Ergebnis unseres jahrelangen Suchprozesses nach Verbindungsmöglichkeiten. Mit unserer alternativen Lesart von Webers Werturteilsfreiheitspostulat möchten wir auch dazu ermutigen, durchaus die angeführten Argumente gegen eine politische Wissenschaft kritisch zu hinterfragen.

3 Institutionalisierung queer-feministischer Psychologien

Konnten sich queer-feministische Psychologien institutionell etablieren? Wo und wie gibt es eigentlich diese kritischen Psychologien? Auch wenn in der vorliegenden Einführung theoretische, inhaltliche Überlegungen im Zentrum stehen, wird in diesem Kapitel ein Blick auf die institutionelle Struktur der feministischen und queeren Psychologien geworfen. Dies geschieht aus dreierlei Gründen. *Erstens* erleichtert dies interessierten Leser_innen die Suche nach weiterführender Literatur und akademischen Angeboten. *Zweitens* lokalisiert es unser Einführungsbuch und erklärt die vorgenommene Auswahl an vorgestellten Theorien und Forschungen. *Drittens* ist im Falle queer-feministischer Wissenschaften ihre Akademisierung stets auch ein politisches Projekt, dessen Durchführung in den wenigsten Fällen reibungslos ist und in der Regel massive Kritik sowohl von Feminist_innen als auch von den bereits etablierten Wissenschaften hervorruft. Nicht in allen Kulturen im Allgemeinen und Wissenschaftskulturen im Speziellen wird diese Etablierung angestrebt und gelingt sie. Von der Institutionalisierung eines wissenschaftlichen Projekts sprechen wir, wenn unter anderem[3]

- entsprechend ausgerichtete Lehrstühle eingerichtet,
- Dachverbände gegründet,
- Zeitschriften publiziert,

3 Siehe Jürgen Straub (2007) für eine ausführliche Auflistung von Merkmalen der Institutionalisierung einer wissenschaftlichen Disziplin.

- Studiengänge etabliert,
- Lehrbücher, Einführungen und Buchreihen herausgegeben,
- Monografien und Sammelbände verfasst,
- und Konferenzen organisiert werden.

Diese Auflistung zeigt, dass wir uns auf im weitesten Sinne universitäre und wissenschaftliche Institutionalisierungen beschränken und auf *anwendungsorientierte* Institutionalisierungen *nicht* eingehen. Zu letzteren könnten zum Beispiel psychologische Beratungsstellen für Frauen, Regenbogenfamilien oder Transgender-Menschen gezählt werden. Unsere Beschränkung auf akademische Institutionalisierungen schließt des Weiteren Formen *queer-feministischer Alltagspsychologie* aus. Als solche könnten *consciousness raising groups*, Selbsthilfegruppen oder Internetforen verstanden werden. Es ist anzunehmen, dass Beteiligte in diesen Zusammenschlüssen durchaus quasipsychologische Theorien entwerfen, um psychische Phänomene im Zusammenhang mit Geschlechtlichkeit und Sexualität zu verstehen und zu erklären. Es wäre durchaus interessant, diese Institutionen zu beschreiben, ihre Theorien herauszuarbeiten und mit den akademisch entwickelten queer-feministischen Psychologien zu vergleichen. Im Sinne eines nicht elitären Ansatzes könnten auf der Basis feministischer Alltagspsychologien wissenschaftliche Theorien erweitert, differenziert und korrigiert werden.

Wir stellen in diesem Kapitel zunächst die Institutionalisierung feministischer Psychologien in Deutschland (3.1) und im angloamerikanischen Raum (3.2) vor und gehen dann auf die Situation queerer Psychologien (3.3) ein. Es folgt ein Ausblick auf die Institutionalisierung in anderen Ländern (3.4) sowie auf die Situation feministischer und queerer Traditionen in der Psychoanalyse (Exkurs).

3.1 Feministische Psychologien in Deutschland

Für eine deutschsprachige Einführung wie die vorliegende bietet sich zunächst Deutschland für die Betrachtung an. Doch gerade hier fallen die Ergebnisse der Suche bescheiden aus: Es gibt hierzulande keine institutionell etablierte feministische Psychologie oder als »Psychologie der Frau« bezeichneten Ansätze. Im Rahmen unserer Recherchen haben wir weder entsprechend inhaltlich ausgerichtete Lehrstühle, Studiengänge oder Dachverbände noch Zeitschriften oder Lehrbücher gefunden. Entsprechend fällt auch das Fazit von Christiane Schmerl (1998) in ihrer Bilanz zum Feminismus und zur deutschen Psychologie aus. Sie konstatiert: »Deutsche Universitäts-Psychologie und Feminismus? Fehlanzeige« (ebd., S. 235). Eine deutschlandweite Literatursuche zu den Stichworten »Feminismus und Psychologie« bzw. »feministische Psychologie« ergibt nur einen Treffer: *Lesben, Liebe, Leidenschaft: Texte zur feministischen Psychologie und zu Liebesbeziehungen unter Frauen* (Loulan/Nichols/Streit 1993). Auch die an der Universität Köln angesiedelte interdisziplinäre Datenbank *gender Inn* (2010) enthält zwar eine Rubrik »Feministische Psychologie«, führt aber fast ausschließlich englischsprachige Werke zum Thema (zusätzlich sind die wenigen deutschsprachigen Titel disziplinär nicht eindeutig der Psychologie zuzuordnen). Die Website »gender aspekte bei einführung und akkreditierung gestufter studiengänge« (Gender Curricula 2011) bietet auch für die Psychologie einen von Andrea Abele-Brehm formulierten Vorschlag zur Implementierung von Geschlechteraspekten (nicht aber von explizit feministischen Aspekten) ins Psychologiestudium. Er orientiert sich zum Teil zwar an einer feministischen Perspektive, zum Teil aber auch an Darstellungen, wie man sie typischerweise in Lehrbüchern der Psychologie findet (z.B. Asendorpf 2007; Stemmler et al. 2010). Aufgrund des Mangels an deutschsprachigen feministischen oder queeren Psychologien stammen die in diesem Buch vorgestellten Ansätze fast ausschließlich aus dem angloamerikanischen akademischen Kontext.

Aus der Inexistenz einer institutionalisierten queer-feministischen Psychologie in Deutschland kann allerdings nicht unmittelbar geschlossen werden, dass hierzulande niemand zu entsprechenden Themen aus feministischer Perspektive forscht oder geforscht hat. Diese Arbeiten sind allerdings ausgesprochen schwer zu identifizieren und zu entdecken. Einen inhaltlichen Bereich, in dem es entsprechende Forschung gibt, ist die Sprachpsychologie (Irmen/Linner 2005; Scheele/Rothmund 2001; siehe Kapitel 6), ein anderer die Psychotherapieforschung (z. B. Burgard 2002; Rosewater/Walker 1985; Zerbe 2004 – auf die wir in diesem Buch aber nicht eingehen). Eine weitere Ausnahme stellen vereinzelte feministische *und* psychologische Arbeiten dar, die im theoretischen und institutionellen Umfeld der Kritischen Psychologie (Holzkamp 1972; Markard 2010) in Berlin entstanden sind. Als Autor_innen sind vor allem Ute Holzkamp-Osterkamp, Ole Dreier und Frigga Haug zu nennen. Viele Beiträge sind in der Zeitschrift *Psychologie und Gesellschaftskritik* erschienen. Inhaltlich werden diese Ansätze in Kapitel 4 vorgestellt.

Unserer Ansicht nach stellt die Untersuchung der (nicht existierenden) Geschichte der feministischen Psychologie in Deutschland ein ausgesprochen interessantes Desiderat dar. Gab es Versuche, Organisationen, Zeitschriften oder Studiengänge ins Leben zu rufen? Wer waren die Akteur_innen und wo haben sie sich alternativ institutionalisieren können? Warum kam es zu einer, wie wir im nächsten Abschnitt zeigen werden, stärkeren Institutionalisierung in Großbritannien und den USA? Unserer eigenen Beobachtung nach ist die fehlende Existenz einer feministischen Psychologie symptomatisch für eine allgemein starke Ablehnung feministischer Wissenschaft in Deutschland, vor allem im Vergleich zu den USA und Großbritannien. Doch die Suche nach den Ursachen für diese Tendenz würde den Rahmen dieses Buchs übersteigen.

3.2 Feministische Psychologien in den USA und Großbritannien

Die feministische Psychologie in den USA nimmt eine Vorreiterinnen-Stellung ein. Bereits 1973 wurde innerhalb der *American Psychological Association* (APA) die *Division for the Psychology of Women* gegründet. Auch wenn dies aus der Benennung nicht eindeutig erkennbar ist, verbindet diese *psychology of women* feministische Perspektiven mit psychologischer Forschung. Aus dieser Abteilung ging 1977 die bis heute erscheinende Zeitschrift *Psychology of Women Quarterly* hervor. Sie ergänzt die bereits seit 1975 herausgegebene US-amerikanische Zeitschrift *Sex Roles*, in der Artikel aus dem Bereich der feministischen Psychologie publiziert werden. Weitere relevante Zeitschriften sind *Women and Therapy* und *Journal of Feminist Family Therapy*. Zu erwähnen ist des Weiteren das in Kanada angesiedelte und von der APA *Division for the Psychology of Women* und der *Section for the Psychology of Women* der *Canadian Psychological Association* unterstützte Projekt *Psychology's Feminist Voices* (2011).

Feministischen Psychologien umreißende Lehrbücher sind ebenfalls im US-amerikanischen Kontext angesiedelt – beispielhaft sei auf den Titel *Women and Gender. A Feminist Psychology* von Unger und Crawford (1996) hingewiesen, der bereits in der zweiten Auflage erschienen ist. Ein Großteil der Literatur, auf die wir in der vorliegenden Einführung eingehen, stammt von US-amerikanischen Wissenschaftler_innen. Die Nachfrage nach Lehrbüchern ist unter anderem dadurch erklärbar, dass in den USA Lehrstühle und Studienangebote einer *psychology of women* etabliert sind. So berichteten Unger und Crawford (1996) mit Bezug auf den Bericht des *Women's Programs Office* aus dem Jahr 1991, dass von 503 Psychology Departments 51 Prozent angaben, auf *Undergraduate*-Niveau Kurse zur *psychology of women* anzubieten. Einschränkend merkt allerdings Unger (1998) an, dass viele dieser Kurse an Hochschulen des mittleren und unteren Niveaus angeboten werden und nicht an den Universitäten der *Ivy League*.

In Großbritannien sind feministische Psychologien ähnlich solide institutionell verankert wie in den USA. In der *British Psychological Society* (BPS) wurde 1987 die *Psychology of Women Section* eingerichtet. Zentrales Publikationsorgan der britischen feministischen Psychologie ist die seit 1991 erscheinende Zeitschrift *Feminism & Psychology*. Zu erwähnen sind des Weiteren die Buchreihe *Gender and Psychology. Feminist and Critical Perspectives* (Herausgeberin: Sue Wilkinson), in der mittlerweile acht Titel erschienen sind und die Reihe *Women and Psychology* (Herausgeberin: Jane Ussher), die bereits 30 Bände umfasst.

Man kann sicherlich zu Recht zusammenfassen, dass feministische Psychologien in den USA und Großbritannien zwar ein verhältnismäßig kleines, aber durchaus etabliertes und strukturiertes Fachgebiet der Psychologie darstellen. Dass es sich hierbei um das Ergebnis eines mühsamen, wissenschaftspolitischen Prozesses handelt, wird von verschiedenen, meist an diesem Prozess selbst beteiligten Autorinnen ausführlich beschrieben (für die USA: Unger 1998; für Großbritannien: Burman 1990). Auch wenn diese historischen Entwicklungen hier nicht nachvollzogen werden können, soll doch auf einige Probleme der Institutionalisierung und auf die daran geübte Kritik eingegangen werden. Kritikpunkte sind unter anderem:

- Die Entscheidung für die Benennung *»psychology of women«* wird infrage gestellt. Ein Grund für diese Kritik ist die politische Uneindeutigkeit des Begriffs. Ist eine *psychology of women* immer feministisch ausgerichtet? Ein weiterer Grund ist die Fokussierung auf Frauen und die Vernachlässigung anderer von der Geschlechterordnung benachteiligter Menschen. Dies betrifft auch den Ausschluss ›anderer‹ Frauen. Celia Kitzinger (1990) weist zum Beispiel auf die fehlende Beachtung lesbischer Frauen durch die feministische Psychologie hin (siehe Kapitel 1). Außerdem stellt sich die Frage, ob eine *psychology of women* auch eine Gruppe von ›women in psychology‹ ist, sie also nur von Frauen durchgeführt werden kann (siehe für eine ausführliche Debatte dieser Benennung Kapitel 1 und Kapitel 4).
- Sowohl in den USA als auch in Großbritannien bestanden bereits vor der Gründung von Sektionen in den nationalen, psychologischen Organisationen Zusammenschlüsse feministischer Psycholog_innen (in den USA: *Association of Women in Psychology*; in Großbritannien: *Women*

in Psychology). Teilweise haben diese Organisationen die Gründungen innerhalb der APA und der BPS vorangetrieben, teilweise haben sie sich aber auch für eine Beibehaltung der eigenständigen Struktur ausgesprochen, die ihrer Meinung nach konsequenter eine feministische Ausrichtung ermögliche (außerhalb der fachpolitischen Interessen der nationalen Dachverbände).

- Nicht von allen wird die Verbindung von Feminismus und Psychologie zu einer feministischen Psychologie befürwortet, wie Kitzinger in ihrem Text »Resisting the Discipline« (1990) deutlich macht. Sie argumentiert, dass die individuumzentrierte Perspektive der Psychologie notwendigerweise die soziale Kontextualisierung von psychischen Phänomenen übersieht: »By relocating the political in the psychopathology of the personal, and by individualizing [...] the issues involved« (Kitzinger 1990, S. 133–134) werde eine Entpolitisierung betrieben, die mit dem gesellschaftskritischen Anliegen des Feminismus unvereinbar sei. Des Weiteren weist Kitzinger auf die Gefahr einer Trennung der feministischen Psychologie von der *Mainstream*-Psychologie hin.

3.3 Queere und LGBTI-Psychologien

Eine eigenständige Institutionalisierung von queeren Psychologien ist bislang nicht zu beobachten. So ergibt zum Beispiel die deutschlandweite Literatursuche nach den Stichworten »queer und Psychologie« bzw. »queer und psychology« nur zwei Treffer. Es handelt sich hierbei um die beiden Einführungen *Out in Psychology: Lesbian, Gay, Bisexual, Trans and Queer Perspectives* (Clarke/Peel 2007) und *Lesbian, Gay, Bisexual, Trans and Queer Psychology* (Clarke et al. 2010). Queere Perspektiven werden demnach institutionell und inhaltlich an LGBTI-Psychologien angeschlossen. Aus diesem Grund geben wir hier einen kurzen Überblick über deren institutionelle Verfasstheit.

1984 wurde in der APA zusätzlich zu der *Division for the Psychology of Women* die *Division for Lesbian, Gay, Bisexual and Transgender Issues* gegründet, die allerdings nicht über ein eigenes Publikationsorgan verfügt. In der BPS wurde zunächst die Gründung einer *Psychology of Lesbianism Section* verhindert, 1998 dann aber die *Psychology of Sexualities Section* eingerichtet (zur Gründungsgeschichte vgl. Wilkinson 2011). Diese Sektion gibt die Zeitschrift *Lesbian & Gay Psychology Review* heraus. In dieser Weise ausgerichtete Sektionen gibt es des Weiteren in den kanadischen, irischen und australischen Dachverbänden. Die australische Sektion gibt die Zeitschrift *Gay and Lesbian Issues and Psychology Review* (GLIP Review) heraus und verleiht den sogenannten GLIP Prize. Besonders interessant ist auch das *International Network on Lesbian, Gay and Bisexual Concerns and Transgender Issues in Psychology*, das von der APA organisiert wird und als Mitgliedsorganisationen die Dachverbände der USA, Großbritanniens, Australiens, Südafrikas, Kanadas, Irlands, der Niederlande, Brasiliens, Kolumbiens und eine europäische Organisation umfasst. Auf europäischer Ebene ist die *Association of Lesbian, Gay, and Bisexual Psychologies Europe* zu nennen, die das *Annual Review of Lesbian, Gay, and Bisexual Issues in European Psychology* herausgibt (z.B. Steffens/Biechele 2001). In Deutschland existiert seit 1993 der *Verband von Lesben und Schwulen in der Psychologie e.V.*, der unabhängig von den nationalen Dachverbänden organisiert ist.

Englischsprachige Publikationen zu LGBTI-Themen sind mittlerweile zahlreich vorhanden. Hier geben Clarke et al. (2010) einen sehr guten Überblick. Folgende Zeitschriften sind wichtige Publikationsorgane:

- *Jahrbuch Lesben-Schwule-Psychologie (Zeitschrift)*
- *Journal of Gay and Lesbian Mental Health*
- *Journal of Gay and Lesbian Psychotherapy*
- *Journal of Psychology and Human Sexuality*
- *Annual Review of Lesbian, Gay, and Bisexual Issues in European Psychology*
- *Gay and Lesbian Issues and Psychology Review*

- *Lesbian and Gay Psychology Review*
- *Psychology & Sexuality*

Die letztgenannte Zeitschrift *Psychology & Sexuality* ist hervorzuheben, da sie explizit queere, homosexuelle *und* heterosexuelle Perspektiven und LGBT-Themen begrüßt. Die erst 2010 gegründete Zeitschrift versteht sich als »progressive and radical«, schließt sich allerdings nicht von vorneherein einer identitär definierte Gruppe an (wie z. B. die Zeitschrift *Lesbian and Gay Psychology Review*). Mit dieser Selbstbestimmung folgt sie queeren Ansätzen (siehe 1.2) – eine inhaltliche Nähe, die sich auch an der Sonderausgabe *Queer Theory and Psychology* (2011, Vol. 2, Issue 1) zeigt.

Es sei auch betont, dass in Zeitschriften der feministischen Psychologie, vor allem in *Feminism & Psychology*, viele Artikel erscheinen, die eine LGBTIQ-Perspektive einnehmen. Das gleiche gilt für nicht explizit psychologische Zeitschriften wie etwa das *Journal of Homosexuality*. Wiederum ist die Rolle der deutschsprachigen Psychologie marginal. Es sind kaum deutsche Publikationen einer LGBTI-Psychologie zu finden.

3.4 Feministische und queere Psychologien in anderen (nicht westlichen) Ländern

Diese Arbeit legt ihren Schwerpunkt auf deutsche und angloamerikanische Psychologien. Sie wiederholt damit die allgemeine Tendenz der deutschsprachigen Psychologie, die sich stark auf die angloamerikanische Psychologie bezieht. Nicht berücksichtigt werden in anderen Sprachen erscheinende Texte, vor allem wenn diese aus nicht westlichen Ländern stammen und einer »indigenen Psychologie« zugeordnet werden (Chakkarath 2007). Diese Privilegierung ›westlichen‹ Wissens wird von uns durchaus kritisch gesehen, auch wenn wir sie mit dieser Einführung nicht korrigieren. Unsere eigene Perspektive beansprucht daher keine Universalität, sondern ist in ihrer eigenen Weise indigen.

Um einen ersten Eindruck zu bekommen, haben wir anhand einer von der APA publizierten Liste der Websites aller nationalen Dachverbände der Psychologie diese nach Sektionen durchsucht, die sich speziell mit der Psychologie von Frauen, LGBTI oder Männern beschäftigen. Nicht alle Dachverbände verfügen über eine Website und nicht alle sind auf Deutsch, Englisch oder Französisch verfasst und daher für uns zugänglich. Entsprechende Sektionen oder Forschungsprogramme haben wir in den Dachverbänden von Kanada, Australien, Kambodscha, Korea, Irland und Neuseeland gefunden. Wie bereits erwähnt, umfasst die internationale Organisation der LGBTI-Psychologien die USA, Großbritannien, Australien, Südafrika, Kanada, Irland, Niederlande, Brasilien, Kolumbien und eine europäische Organisation.

Exkurs: Institutionalisierung der feministischen und queeren Psychoanalyse in Deutschland

Die Trennung zwischen Psychoanalyse und Psychologie wird an ihrer unterschiedlichen Institutionalisierung besonders deutlich. In Deutschland sind sie nicht nur verschiedenen Disziplinen zugeordnet (Psychologie versus psychoanalytische Philosophie, Literaturwissenschaft, Kulturwissenschaft) sondern auch unterschiedlichen Institutionen (psychologische Universitätsinstitute auf der einen, psychoanalytische außeruniversitäre Forschungsinstitute bzw. eigenständige psychoanalytische Universitäten[4] auf der anderen Seite). Insofern sieht auch die institutionelle Situation von feministischen und queeren Perspektiven in der psychoanalytischen Tradition potenziell anders aus als in der psychologischen.

Zwei wichtige feministische und queere Bezugnahmen auf die Psychoanalyse sind zu nennen: *Erstens* die Schriften, die eine Umformulierung der klassischen psychoanalytischen

4 Wie etwa die 2009 gegründete *International Psychoanalytic University* in Berlin.

Theorien vornehmen, sodass Frauen umfassend, nicht pathologisierend und positiv betrachtet werden (siehe Kapitel 4). Hierzu zählen die Arbeiten von Nancy Chodorow (1985), Jessica Benjamin (1993) und Juliet Mitchell (1976). *Zweitens* die Arbeiten, die im Anschluss an Jacques Lacan dekonstruktivistische und queer-feministische Lesarten der Psychoanalyse vorlegen (u. a. Butler 1991; Irigaray 1979; Wittig 1992; siehe Kapitel 8). Insgesamt stellt die Psychoanalyse, trotz vielfältiger Kritik, die an ihr aus (queer-)feministischer Sicht zu übern wäre, einen wichtigen theoretischen Baustein für feministische und queere Theorien dar.

Es verwundert daher, dass sich in Deutschland diese inhaltliche Verbindung nur selten in Publikationen, Fachverbänden oder Veranstaltungen niederschlägt. So finden sich auf den Seiten der *Deutschen Psychoanalytischen Vereinigung* keine Hinweise auf entsprechende Zeitschriften oder Tagungen. In der dort veröffentlichten Liste der psychoanalytisch orientierten Hochschullehrer_innen geben (nur) zwei Personen Geschlechterforschung als Forschungsschwerpunkt an (Elfriede Löchel, Ilka Quindeau). Von den Wissenschaftler_innen der Berliner *International Psychoanalytic University* haben Benigna Gerisch, Lilli Gast, Christiane Ludwig-Körner und Christa Rohde-Dachser zur Geschlechterthematik publiziert. In den Schriften der Mitarbeiter_innen des *Sigmund-Freud-Instituts* Frankfurt am Main finden sich keine feministischen oder queeren Themen, genauso wenig wie in den Forschungsschwerpunkten oder Tagungen des Instituts. Gleiches gilt für die *Deutsche Psychoanalytische Gesellschaft*.

Teil II

Forschungsrichtungen

4 Psychology of Women

Unter der Bezeichnung *psychology of women* haben wir Ansätze zusammengefasst, die sich die Erforschung von Frauen und die Bereitstellung psychologischen Wissens über Frauen zum Ziel setzen. Sie arbeiten dementsprechend auf der Basis der Kategorie Frau. Ansätze der *psychology of women* wurden vor allem in den 1970er und 1980er Jahren, schwerpunktmäßig in den USA, entwickelt. Auch wenn seit den 1990er Jahren dieser feministische Forschungsansatz an Popularität verloren hat und aus vielfältigen Gründen kritisiert wurde (siehe 4.5), bestehen entsprechende Forschungsprogramme bis heute fort. Aktuelle Arbeiten (z.B. Denmark/Paludi 2007; Hyde 2006; Landrine/Russo 2010) zeichnen sich dadurch aus, dass sie viele der Kritikpunkte selbstreflexiv berücksichtigen ohne die *psychology of women* als Forschungsansatz komplett zu verwerfen.

Als wichtige Vertreterinnen der *psychology of women* können unter anderem Juanita Williams, Margaret Matlin, Judith Bardwick, Joanna Rohrbaugh, Nancy Betz, Louise Fitzgerald und Janet Hyde genannt werden. Eine besonders prominente Vertreterin ist Carol Gilligan (1982), die im Anschluss an Lawrence Kohlberg die Theorie einer spezifisch weiblichen Moralentwicklung formuliert hat. Sie stellte die These auf, dass Frauen eine Fürsorgemoral entwickelten, während Männer einer Gerechtigkeitsmoral folgten. Beide Moralvorstellungen sind nach Gilligan gleichwertig, allerdings werde die männliche Gerechtigkeitsorientierung in westlichen Kulturen höher bewertet.

Zunächst werden wir auf den Forschungsansatz der *psychology of women* eingehen (4.1) und eine besondere Variante der Psychologie der Frau aus dem theoretischen Kontext der Kritischen Psychologie beschreiben (4.2). Danach stellen wir die in der *psychology of women* bearbeiteten Themen vor (4.3). An einem vertiefend dargestellten Beispiel (4.4) wird das Vorgehen verdeutlicht. An eine kritische Einschätzung (4.5) schließt ein Exkurs zur Psychoanalyse der Frau an.

4.1 Forschungsansatz

Die Bezeichnung *psychology of women* haben wir den Titeln zahlreicher Lehrbücher oder Monografien entnommen (Bardwick 1971; Betz/Fitzgerald 1987; Brinker-Gabler 1978; Hyde 2006; Matlin 1987; Sherman 1971; Williams 1987). Auf gleiche Weise ist zudem die Abteilung 35 der APA bezeichnet und die von ihr herausgegebene Zeitschrift *Psychology of Women Quarterly*[5]. Des Weiteren findet sich dieser Name in der Benennung von Studiengängen oder Studieneinheiten an Universitäten vor allem in den USA, teilweise auch in erweiterter Form (in sogenannten Women Studies; siehe Kapitel 3). Der Titel ist insofern treffend, als er die starke Fokussierung dieser feministischen Forschungsrichtung auf Frauen als Forschungsobjekte hervorhebt (einen etwas anderen Fokus findet man nur bei Hyde 2006, die auch der »psychology of men« ein Kapitel widmet). Die Verwendung der Kategorie Frau zur Selbstbezeichnung weist darauf hin, dass die *psychology of women* dem Differenzfeminismus nahesteht. Es ist die Betonung der Unterschiedlichkeit von Männern und Frauen sowie der Verschiedenheit ihrer Lebensbedingungen, die diesen politischen und wissenschaftlichen Ansatz auszeichnet. Meist geht er mit einem Bezug auf patriarchale Machtmodelle einher.

5 Allerdings sind nicht alle in diesem Journal erscheinenden Artikel inhaltlich der *psychology of women* zuzuordnen, trotz der übereinstimmenden Bezeichnung. Die Zeitschrift publiziert im weitesten Sinne feministische und queere Arbeiten.

Die angenommene Differenz zwischen Männern und Frauen ist hiernach hierarchisch strukturiert und beinhaltet die Unterdrückung von Frauen durch Männer.

Ausgangspunkt dieser Forschungsrichtung ist die Kritik an drei Tendenzen in der herkömmlichen psychologischen Forschung: *erstens* dem Androzentrismus, *zweitens* der Geschlechterinsensititvität (Franke/Kämmerer 2001) und *drittens* der Verwendung normativ aufgeladener Theorien. Als Androzentrismus wird die Betrachtung des Mannes »als das Allgemeine (Universelle) und [der] Frau als das Besondere (Partikulare)« (Brockhaus 2010) bezeichnet. *Androzentrisch* verzerrte wissenschaftliche Arbeiten treten mit dem Anspruch an, Menschen zu erforschen, untersuchen dann aber ausschließlich Männer beziehungsweise Phänomene der Männlichkeit oder etablieren Männlichkeit als gültige Norm für alle Menschen. Der Androzentrismus der psychologischen Forschung zeigt sich entweder in einer Vernachlässigung von Themen, die nur oder vor allem für Frauen relevant sind (z.B. Schwangerschaft) oder in einer Missachtung der spezifisch weiblichen Perspektive auf allgemeine Phänomene (z.B. Eintritt ins Rentenalter, Berufswahl, Krankheit). Auch eine Unterrepräsentation weiblicher Teilnehmerinnen in psychologischen Studien kann als androzentrisch bezeichnet werden. Rohrbaugh (1979) nennt ihr Buch *Women: Psychology's puzzles* und weist damit bereits im Titel auf die Vernachlässigung von Frauen in der herkömmlichen Psychologie hin. Gleichzeitig macht sie auf einen weiteren Aspekt des Androzentrismus aufmerksam, nämlich auf die Mystifizierung des weiblichen Geschlechts.

Geschlechterinsensitivität liegt vor, wenn Theorien die Variable Geschlecht nicht berücksichtigen und ihr damit keine Bedeutung für die Erklärung psychischer Phänomene zuweisen. Eine entscheidende Differenz zwischen Menschen und die damit einhergehende psychische Verschiedenheit wird dadurch nicht beachtet beziehungsweise ist somit erst gar nicht be(ob)achtbar. Geschlechterinsensitivität ist eng an Androzentrismus gekoppelt. Die Nichtberücksichtigung der Kategorie Geschlecht geht häufig damit einher, dass die männliche Erscheinungsform als allgemeingültiges Modell konzipiert wird. In einem anderen Fall von Geschlechterinsensitivität wird die unterschiedliche Lebenswelt von Frauen und Männern nicht bei der Erklärung von Geschlechterunterschieden berücksichtigt. So wird angenommen, es handele sich bei Geschlechterunterschieden um essenzielle Merkmale von Männern und Frauen. Frauen sind dann ängstlicher, emotionaler, häufiger depressiv oder sozial kompetenter als Männer.

Normativ aufgeladene Theorien können vielfältige Formen annehmen. Von der *psychology of women* werden Theorien kritisiert, die Wertungen darüber enthalten, wie Frauen leben, denken, handeln oder fühlen sollten. In diesen Wertungen finde die patriarchale Geschlechterordnung ihren Niederschlag und werde reproduziert. Als Beispiele sind Theorien zu nennen, die berufstätige Mütter als unglücklich, weibliche Sexualität als passiv oder Kinderlosigkeit von Frauen als eine Pathologie beschreiben.

Die der *psychology of women* zugeordneten Ansätze konzeptualisieren Geschlecht zumeist als trennbar in *sex* und *gender*. Das heißt, dass sie zwar von der Existenz zweier biologischer Geschlechter ausgehen, für die Ausgestaltung des Geschlechts einer Person aber auch soziale Faktoren verantwortlich machen, die durch Prozesse der Erziehung und Sozialisation vermittelt wirksam werden. Geschlechtsspezifische psychische Phänomene werden dementsprechend sowohl über die unterschiedliche biologische Ausstattung von Männern und Frauen als auch über ihre verschiedenen Lebenserfahrungen erklärt. So finden sich auf der einen Seite in entsprechenden Büchern ausführliche Darstellungen der Anatomie der weiblichen Sexualorgane, der Veränderungen der Hormonkonzentrationen im Verlauf des Menstruationszyklus oder der körperlichen Veränderungen während der Schwangerschaft. Auf der anderen Seiten werden als erklärende Faktoren Unterschiede in der sozialen Umwelt von Frauen und Männern angeführt, wie zum Beispiel die geschlechtsspezifische Arbeitsteilung in der traditionellen Kleinfamilie, die Ausübung unterschiedlicher Berufe von Frauen und Männern, die Hierarchie zwischen

Männern und Frauen oder Geschlechterstereotype. Hinzuzufügen ist, dass sich viele der Wissenschaftler_innen in diesem Bereich auch mit der Psychoanalyse als Erklärungsansatz für Geschlechtlichkeit und Sexualität auseinandersetzen (siehe Exkurs).

Einige Wissenschaftler_innen betreiben die *psychology of women* auf der wissenschaftstheoretischen Grundlage der *Mainstream*-Psychologie. Ihre feministische Ausrichtung besteht also ›nur‹ in einer Themenverschiebung und einer Identifikation und Korrektur von Vorurteilen über Frauen. Andere beziehen sich in ihrer Forschung auf eine explizit feministische Wissenschaftstheorie, meist auf die Standpunkttheorien (siehe Kapitel 2). So begründet ist die *psychology of women* auch eine *von* Frauen durchgeführte Psychologie. Die verwendeten Forschungsmethoden sind breit gefächert und umfassen quantitative und qualitative Verfahren.

4.2 Kritische Psychologie der Frau

Eine besondere Variante der Psychologie der Frau entstand im theoretischen Kontext der Kritischen Psychologie (Holzkamp 1972; Markard 2010). Auch diesem marxistisch orientierten und von der Gesellschaftlichkeit des Menschen ausgehenden Ansatz wird Geschlechterinsensitivität vorgeworfen. In enger Anlehnung an die allgemeinen Debatten über das Verhältnis zwischen Marxismus und Feminismus thematisierte die Kritische Psychologie der Frau psychologische Aspekte der Hausarbeit, der Identität oder der Trennung zwischen Reproduktions- und Produktionssphäre (Dreier 1980; Haug 1980; Haug/Hauser 1985; Roer 1980; siehe auch die Ausgaben 10/2, 13/1–2, 18/3–4 der Zeitschrift *Psychologie und Gesellschaftskritik*). Dabei wurde die Frage in den Mittelpunkt gestellt, wie Menschen innerhalb gegebener gesellschaftlicher Strukturen zu Frauen und Männern werden (Haug 1987). Diese abstrakte Betrachtungsebene wurde ergänzt durch die Thematisierung konkreter, auch privater Probleme auf dem Weg der Emanzipation. In kaum einer anderen feministischen Psychologie wird dieser enge Bezug zwischen Wissenschaft und privatem Leben, zwischen theoretischer Einsicht und persönlichem Lernen so deutlich. Der Beginn dieser feministischen Forschung lag in kollektiven Frauengruppen, die sich im theoretischen Umfeld der Kritischen Psychologie mit den eigenen Lebenssituationen als Frauen auseinandergesetzt haben.

4.3 Bearbeitete Themen

Der Forschungsansatz der *psychology of women* wird besonders gut anhand einer Betrachtung der bearbeiteten Fragestellungen deutlich. Folgende Liste stellt eine Auswahl häufig bearbeiteter Themen dar, wobei (meist) nur Mädchen oder Frauen untersucht und beschrieben werden:

- Biologische und körperliche Merkmale
- Kindheit und Jugend
- Menstruation
- Sexualität und Verhütung
- Schwangerschaft, Geburt, Mutterschaft
- Liebesbeziehungen
- Lesbische Identität
- Arbeit und Leistungsmotivation
- Selbst und Selbstbewusstsein
- Psychische Erkrankungen
- Abhängigkeit, Passivität und Aggression
- Gewalt
- Mittleres und hohes Alter

An dieser Themenliste lassen sich vier allgemeine Tendenzen ablesen. *Erstens* wird dem Körper eine große Bedeutung für die Erklärung psychischer Phänomene zugesprochen. Sowohl der Körper im Allgemeinen als auch spezielle körperliche Prozesse wie Menstruation oder Schwangerschaft werden behandelt. Dabei steht die Besonderheit des weiblichen Körpers im Vordergrund. *Zweitens* nimmt der Themenkomplex Sexualität/

Reproduktion/Verhütung einen großen Stellenwert ein. *Drittens* wird die Entwicklung über die Lebensspanne in den Blick genommen, von der Kindheit bis ins hohe Alter. Es wird daran deutlich, dass psychische Entwicklungen während des gesamten Lebens als geschlechtsspezifisch begriffen werden. *Viertens* werden Probleme im Leben von Frauen – von Gewalt bis zu psychischen Erkrankungen – thematisiert. Es sei an dieser Stelle betont, dass gerade der letztgenannte Aspekt besondere Beachtung erfahren hat. So haben zum Beispiel Alexa Franke und Annette Kämmerer (2001) ein eigenständiges Lehrbuch mit dem Titel *Klinische Psychologie der Frau* herausgegeben. Auch spezielle Therapieangebote für Frauen wurden entwickelt (siehe 4.4).

Um den Einblick in die Arbeiten der *psychology of women* zu vertiefen, wird im folgenden Abschnitt exemplarisch das Kapitel »Women and psychological disorders« aus dem Buch *The psychology of women* von Matlin (1987) vorgestellt.

4.4 Margaret Matlin über Frauen und psychische Erkrankungen – Ein Beispiel

Matlin beginnt das Kapitel »Women and psychological disorders« (in Matlin 1987) mit der Feststellung, dass mehr Frauen als Männer psychologische und psychiatrische Hilfe in Anspruch nehmen. Abgesehen von Substanzenmissbrauch, Aggressions- und Kontrollstörungen werden psychische Erkrankungen häufiger bei Frauen als bei Männern diagnostiziert. Dies gilt insbesondere für verheiratete Frauen (im Vergleich zu verheirateten Männern). Als besonders häufig bei Frauen auftretende Erkrankungen listet Matlin Depressionen, Angst- und Essstörungen auf. Sie führt vier mögliche Erklärungen für diesen Geschlechterunterschied an und diskutiert sie jeweils kritisch. Weder biologische Unterschiede noch die unterschiedliche Bereitschaft, Hilfe zu suchen, kommen als Faktoren infrage. Sie konnten ebenso wenig empirisch nachgewiesen werden wie der sogenannte »double standard of mental health« (Matlin 1987, S. 389). Mit diesem Doppelstandard ist gemeint, dass Therapeut_innen Männer und Frauen aufgrund unterschiedlicher Kriterien als psychisch krank diagnostizieren. Dabei legen es ›typisch weibliche‹ Eigenschaften wie Abhängigkeit oder Ängstlichkeit nahe, Frauen als krank zu bezeichnen. Nach Matlin hat nur die vierte Erklärung Bestand, auch wenn ihre empirische Überprüfung noch nicht abgeschlossen ist: Hiernach sei es die weibliche Rolle in der Gesellschaft selbst, die Frauen psychisch krank mache. Frauen seien größerem Stress ausgesetzt, erhielten weniger Belohnung, verdienten weniger und haben weniger Macht als Männer.

Im zweiten Teil ihres Kapitels diskutiert Matlin verschiedene Therapieformen und ihre Angemessenheit für die Behandlung von Frauen. Zunächst wirft sie die Frage auf, ob Frauen in konventionellen Psychotherapien diskriminiert würden. Dabei nennt sie folgende mögliche Formen der Diskriminierung in der Therapie:

- Frauen werden traditionelle Geschlechterrollen aufgedrängt.
- Frauen werden häufiger als Männern psychoaktive Medikamente verschrieben.
- Therapeut_innen sind frauenfeindlich, verhalten sich abwertend gegenüber Frauen oder ignorieren Berichte der Patientinnen von ihnen zugestoßener Gewalt oder Diskriminierung.
- Therapeut_innen verwenden sexistische Konzepte, wie zum Beispiel das psychoanalytische Konzept des Penisneids (siehe Exkurs).
- Therapeuten gehen sexuelle Beziehungen mit ihren Patientinnen ein.

Auch wenn diese Diskriminierungen in allen traditionellen Therapierichtungen auftreten können, schätzt Matlin Psychoanalyse, Verhaltenstherapie und humanistische Psychotherapie als unterschiedlich geeignet für die Behandlung von Frauen ein. An der Psychoanalyse kritisiert sie die bereits in der Theorie verankerte Abwertung und Pathologisierung von

Frauen (siehe Exkurs). Die Verhaltenstherapie ist als erweiterte kognitiv-behaviorale Therapie dann sinnvoll einzusetzen, wenn die Veränderung der Wahrnehmungen und Gedanken der Patientin im Vordergrund steht oder der Erwerb spezieller Fertigkeiten. Insgesamt präferiert Matlin die humanistische Psychotherapie, da diese (nach ihrer Auffassung) den Fokus auf die Entwicklung des Selbstbewusstseins von Frauen legt. Sie bemängelt jedoch an allen traditionellen Psychotherapien, dass diese zu wenig den Blick auf die gesellschaftliche Situation der Frauen richten.

Alternativ stellt Matlin vier Therapieansätze vor, die explizit für die Behandlung von Frauen entwickelt wurden. Dies ist *erstens* die *nicht sexistische Therapie*, die es sich zum Ziel setzt, Frauen und Männer gleich zu behandeln. Jeanne Marecek und Diane Kravetz (1977) sowie Edna Rawlings und Diane Carter (1977) haben hierfür folgende Richtlinien entwickelt:

- Eine Auseinandersetzung mit den eigenen Werten und Einstellungen und die Absicht, sexistische Denk- und Handlungsmuster aufzudecken, stehen im Zentrum.
- Des Weiteren sollten Therapeut_innen die aktuelle Forschung der *psychology of women* berücksichtigen.
- Klientinnen sollte in der Therapie nicht nahegelegt werden, sich entsprechend ihrer traditionellen Frauenrolle zu verhalten. Therapeut_innen sollten ihre Machtposition nicht nutzen, um Klientinnen zu femininen Verhaltensweisen zu drängen.
- Der Einsatz von Diagnose- und Testinstrumenten mit *gender bias* sollte vermieden werden.

Auf der nicht sexistischen Therapie baut, *zweitens*, die *feministische Therapie* auf, die Matlin mit Bezug auf Lucia Gilbert (1980), Marecek und Kravetz (1977) sowie Rawlings und Carter (1977) vorstellt. In ihr wird die gesellschaftspolitische Dimension des Verhaltens und Leidens von Frauen in den Vordergrund gerückt. Die Ursache vieler Probleme von Frauen liege in ihrer politischen, ökonomischen und sozialen Unterlegenheit begründet. Das Ziel der Therapie sollte dementsprechend nie in der Anpassung von Frauen an bestehende gesellschaftliche Verhältnisse bestehen, sondern in einer Stärkung der Unabhängigkeit von Frauen und in einer Veränderung der Gesellschaft. Um diese Emanzipation in der Therapie zu entwickeln, sollte keine erneute Hierarchie zwischen Klientin und Therapeut_in aufgebaut werden. Soweit wie möglich sollten Klientin und Therapeut_in gleichberechtigt sein und die Klientin als Expertin ihrer selbst behandelt werden.

Drittens erwähnt Matlin sogenannte *consciousness raising groups*, Selbsthilfegruppen von Frauen, die sich zusammengeschlossen haben, um gemeinsam zu verstehen, wie sie in geschlechtsspezifische Machtverhältnisse verstrickt sind. Auch wenn es sich hierbei nicht um psychotherapeutische Angebote handelt, unterstützen die *consciousness raising groups* Frauen durchaus bei der Lösung ihrer persönlichen Probleme. In Fällen manifester psychischer Erkrankungen ist diese Unterstützung aber sicher nicht ausreichend. Als letztes stellt Matlin *Selbstbehauptungskurse* als speziell für Frauen entwickeltes therapeutisches Angebot vor. In diesen Kursen wird Frauen die Möglichkeit gegeben, selbstbewusst ihre eigenen Interessen zu vertreten, ohne dabei aggressiv zu werden. Allerdings kritisiert Matlin, dass dieses Training wiederum suggeriert, Frauen könnten durch den Erwerb individueller Fähigkeiten ihre eigentlich politisch begründeten, sozialen Probleme lösen.

Abschließend präsentiert Matlin das ihren Überlegungen zugrunde liegende Ideal der ›psychisch gesunden Frau‹, indem sie eine von Helen Collier (1982) entwickelte Übersicht wiedergibt. Da diese Aufstellung in besonderer Weise die normative Ausrichtung der von Matlin vertretenen *psychology of women* auszudrücken vermag, wird sie auch hier in Gänze zitiert:

- »She values herself as an individual and as a female rather than depreciating herself as a woman.
- She chooses behaviors according to their suitability to her and to the situation, perhaps deliberately resisting conforming to female gender stereotypes but certainly not conforming to them unwittingly.

- ➢ She consistently tends toward emotional, social, and economic self-sufficiency, striving for separateness and autonomy before seeking interdependence.
- ➢ She blends autonomy with interdependence in the form of a selected number of deep relationships with others in personal and social activities.
- ➢ She orients herself toward reality and realism, avoiding overreaction in favor of accepting herself, others, and the world for what they are.
- ➢ She appreciates differences as much as similarities, preferring variety in herself and others to stereotypes.
- ➢ She does not victimize herself, does not let herself be victimized, and does not present herself as a victim.
- ➢ She enjoys the power of her emotions and her self and displays this power through vivacity and energy.
- ➢ She takes risks and extends herself without placing too much emphasis on either success or failure.«

(Collier 1982, zit. n. Matlin 1987, S. 403f.)

4.5 Kritische Einschätzung

Die der *psychology of women* zuzuordnenden Forschungen haben das psychologische Wissen über Frauen entscheidend erweitert. Damit einhergehend wurden durch sie neue Themen für die Psychologie entdeckt, so zum Beispiel die Schwangerschaft. Dieses Wissen ist aus feministischer Perspektive als ausgesprochen hilfreich zu erachten, ermöglicht es doch ein besseres Verständnis von Frauen, ihrer spezifischen, psychologischen Lebenswelt und der Probleme, Herausforderungen und Chancen, mit denen sie konfrontiert sind. Dieses Wissen kann genutzt werden, um Frauen gezielt zu unterstützen und ihre Situation zu verbessern, vor allem im Kontext von psychischen Erkrankungen. Gerade wenn psychische Probleme von Frauen auf sozial geprägte Lebensumstände zurückgeführt werden, gehen von der *psychology of women* Impulse für politische Veränderungen aus.

Dieses Wissen bildet zusätzlich ein Korrektiv zu normativ geprägten Theorien über Frauen. Der Androzentrismus hat Frauen als Forschungsobjekte nicht nur vernachlässigt, sondern sie auch in anekdotischen, von Stereotypen durchdrungenen Mystifizierungen zum Thema werden lassen. Die *psychology of women* tritt mit dem Anspruch an, wissenschaftlich über Frauen zu arbeiten und somit ›wirklich‹ objektives Wissen zu produzieren. Als Beispiel für diese wissenschaftliche Kritik ist die Zurückweisung des Penisneids als universales Phänomen der weiblichen Entwicklung auf der Basis empirischer Untersuchungen zu nennen.

Die *psychology of women* ist nicht nur eine Psychologie über Frauen, sondern auch von Frauen. Sie ermöglicht Frauen in der Wissenschaft die Einnahme einer Expertinnen- und Spezialistinnen-Rolle und stellt ihnen einen eigenen Karriereweg zur Verfügung. Vor dem Hintergrund der noch immer aktuellen Unterrepräsentation von Frauen in Wissenschaft und Forschung ist dies positiv zu bewerten. Möglicherweise macht die *psychology of women* psychologische Forschung für Frauen attraktiver, da hier Phänomene des eigenen Lebens zur Sprache kommen können. Diese enge Verbindung zu den eigenen Lebenserfahrungen zeigt sich unter anderem an der institutionellen Nähe von professioneller psychologischer Forschung und *consciousness raising groups*.

Diesen zahlreichen Verdiensten der *psychology of women* stehen verschiedene zu kritisierende Aspekte gegenüber. Wie bereits in der Einleitung angedeutet wurde, ist die Verwendung der Kategorie »Frau«, sowohl in den Titeln als auch in den Forschungsarbeiten, problematisch. Sie basiert auf der Annahme, dass es etwas gebe, das alle Frauen gemein haben. Was dies sein soll, wird nicht expliziert. Durch die gewählten Themen (siehe 4.3) wird allerdings erkennbar, welche geteilten psychischen Phänomene konzeptualisiert werden: Sexualität, Fortpflanzung, Konflikte durch die unterdrückte Position und Konflikte zwischen der Hausfrauen- und der Arbeitsrolle. Es ist anzuzweifeln, ob alle sogenannten Frauen diese Phänomene in der beschriebenen Weise durchleben. Während zum Beispiel Verhütung ein wichtiges und in westlichen Industrienationen auch feministisches Thema ist, wird in anderen Kulturen von Feminist_innen für das Recht auf Kinder (und nicht für Verhütung) gestritten. Auch für Lesben hat das Thema Verhütung keine Relevanz, höchstens in Form von Praktiken des *safer sex*. Ein anderes Beispiel ist die Thematisierung der Sexualität. Sie ist in den meisten Fällen auf heterosexuelle Sexualität zugeschnitten (z.B. Williams 1987) und ignoriert lesbische oder bisexuelle Alternativen. Es ließen sich zahlreiche nicht berücksichtigte Besonderheiten von Frauen in den verschiedensten Kulturen, Klassen, Bildungsschichten, Altersgruppen oder ethnischen Gruppen hinzufügen. Die durch die *psychology of women* vorgenommene Spezialisierung auf eine bestimmte Gruppe von Frauen wäre nicht so problematisch, würde sie nicht mit dem Anspruch der Allgemeingültigkeit auftreten. Besonders deutlich wird diese normativ aufgeladene Engführung auf einen bestimmten ›Typ Frau‹ an den von Matlin (1987) referierten Kriterien für eine gesunde Frau (4.4). Die starke Betonung von Autonomie und Autarkie zum Beispiel ist sicherlich schwerlich vom US-amerikanischen Kontext auf andere kulturelle Kontexte zu übertragen. Auch eine Übertragung auf andere Lebensabschnitte, etwa Kindheit, Alter oder hohes Alter, würde vermutlich scheitern. Im Grunde wird daher durch die *psychology of women* zwar in Bezug auf die Kategorie Geschlecht der Androzentrismus aufgelöst, in Bezug auf die Kategorien Klasse, Kultur, Alter oder sexuelle Orientierung wird allerdings weiterhin eine dem vergleichbare Ausgrenzung durchgeführt. Allerdings korrigieren neuere Arbeiten der *psychology of women* diese Engführungen zum Teil und berücksichtigen verstärkt die Diversität von Frauen (z.B. Hyde 2006; Landrine/Russo 2010). So sind mittlerweile zum Beispiel zahlreiche Studien über Frauen mit Migrationshintergrund[6] durchgeführt worden (z.B. Espin 1995).

6 Damien Riggs (2007) problematisiert allerdings auch, dass im Zusammenhang mit der Kategorie ›Rasse‹ immer nur nicht-weiße Menschen untersucht werden. Hierdurch erscheine ›Rasse‹ als etwas, das Weiße nicht haben, alle anderen Menschen aber schon. Weißsein bekommt dadurch wieder den Status des allgemeinen Models, von dem andere ›Rassen‹ abweichen.

Durch die ausschließliche Berücksichtigung des psychischen Erlebens von Frauen werden weitere interessante und relevante Perspektiven auf die bearbeiteten Themen übersehen. Vor allem wird das Erleben von sogenannten Männern nicht erforscht. Dabei stellt sich durchaus die Frage, wie zum Beispiel Schwangerschaft, Menstruation oder Arbeit von Männern erlebt werden. Eine interaktionistische Perspektive, die die gemeinsame Herstellung problematischer Geschlechtersettings durch Frauen und Männer berücksichtigen würde, kann demzufolge nicht eingenommen werden. Diese kritische Stoßrichtung ließe sich fortführen: Wie erleben zum Beispiel lesbische Frauen die Schwangerschaft ihrer Partnerin? Wie gehen ›Frau-zu-Mann‹-Transgender mit ihrem Menstruationszyklus um? Problematisch sind diese Blindstellen der *psychology of women*, weil sie traditionelle Geschlechterrollen evozieren und reproduzieren, anstatt diese zu dekonstruieren (siehe Kapitel 7 zum Begriff »Dekonstruktion«).

Durch den ausschließlichen Fokus auf Frauen kann des Weiteren eine einseitige Verantwortungszuweisung erfolgen. Wenn zum Beispiel nur Frauen im Prozess der Schwangerschaft untersucht werden, so erscheinen sie als alleinige Akteurinnen dieses Prozesses. Für mögliche Komplikationen sind sie daher auch potenziell selbst verantwortlich. Es besteht die Gefahr, dass die Beteiligung anderer Familienmitglieder aus dem Blick gerät und die feministische Fokussierung auf Frauen letztendlich auf sie zurückschlägt. Es sei darauf hingewiesen, dass aus diesem Grund feministische Psychotherapien häufig systemisch orientiert sind. Sie beziehen eben nicht nur die Klientin ein, sondern auch ihr Lebensumfeld. Auf diese Weise wird Frauen nicht die Schuld für ihre Probleme zugewiesen und ihnen nicht die Aufgabe zugemutet, alleine für Besserung zu sorgen (siehe für ein Beispiel: Willutzki 2001). Eng verwandt mit diesem Problem ist der Effekt, dass durch die ausschließliche Thematisierung von Frauen und ihren Problemen Frauen tatsächlich als pathologisch erscheinen. Dies wird besonders deutlich in Williams' Kapitel zur Sexualität (in Williams 1987). Da sie nur Frauen in den Blick nimmt, thematisiert sie auch nur den weiblichen Orgasmus, Komplikationen des weiblichen Orgasmus sowie weibliche Sexualstörungen. Hierdurch entsteht der Eindruck, die weibliche Sexualität sei ein im Allgemeinen störanfälliges, zu thematisierendes und problematisches Phänomen, während die des Mannes ›einfach‹ gegeben und ›unproblematisch‹ sei.

Ein weiteres Problem, das mit der Verwendung der Kategorie Frau einhergeht, ist die dadurch bewirkte Essenzialisierung und Verstärkung der Geschlechterkategorie. Wer ein Lehrbuch der *psychology of women* liest, gewinnt den Eindruck einer starken, viele Lebensbereiche umfassenden Unterschiedlichkeit zwischen Männern und Frauen. Frauen erscheinen als »andere Planeten« (Behnke 1997). Ihre Sexualität wird zum Beispiel als viel variabler dargestellt als die von Männern. Sie bräuchten angeblich viel länger als Männer, um zum Orgasmus zu kommen, könnten aber dafür im Unterschied zu Männern multiple Orgasmen erleben (siehe Williams 1987). Dass Wissen auf diese Weise immer auch Realitäten formt, herstellt und stabilisiert, wird nicht bedacht. Franke und Kämmerer (2001) argumentieren, dass eine Aufhebung der Geschlechterinsensivität der Psychologie mit der Gefahr eines verstärkten Geschlechterdualismus einhergeht. Wer Geschlechtlichkeit thematisiert, geht das Risiko ein, Frauen und Männer übermäßig voneinander abzugrenzen. Auch dieser Geschlechterdualismus wird aus feministischer Sicht abgelehnt (siehe Kapitel 1). Wer also die Geschlechterinsensitivität durch den Geschlechterdualismus ersetzt, gelangt vom Regen in die Traufe – dies ist zumindest die Kritik, die von dekonstruktivistisch orientierten Feminist_innen (Kapitel 7) vertreten wird.

Dass Vertreter_innen der *psychology of women* ganz im Sinne des feministischen Ideals der Selbstreflexivität und Selbstkritik (siehe 2.3) diese kritischen Punkte berücksichtigen und in ihre Arbeiten einfließen lassen, lässt sich besonders gut an Hydes Schrift *Half the human experience: The psychology of women* (2006) zeigen, die erstmals 1975 publiziert wurde und mittlerweile in der 7. Auflage vorliegt. In der aktuellen

Auflage diskutiert Hyde (2006) unter anderem die Problematik der Überbetonung von Geschlechterunterschieden, verzichtet auf eine explizite Thematisierung von Schwangerschaft und Geburt, wendet sich der *psychology of men* zu und stellt die Verschiedenheit von Frauen (je nach Klasse, Kultur, Alter) dar. Die häufige Wiederauflegung (gekoppelt an substanzielle Überarbeitungen) von Hydes Schrift zeigt auch die Aktualität und Lebendigkeit der *psychology of women* sowie die offensichtlich starke Nachfrage.

Exkurs: Psychoanalyse der Frau

Parallel zur *psychology of women* fand in den 1970er und 1980er Jahren auch eine feministische Auseinandersetzung mit der Psychoanalyse, vor allem mit der psychoanalytischen Theorie von Freud statt. Dabei wurden zwei Anliegen verfolgt: *Erstens* wurden Androzentrismus und Sexismus der psychoanalytischen Theorien aufgedeckt, *zweitens* formulierten feministische Psychoanalytikerinnen alternative Theorien mit dem Ziel, ein vollständigeres und nicht pathologisierendes Modell der weiblichen Psyche und ihrer Entwicklung zu entwerfen. Als wichtige Theoretikerinnen sind unter anderen Chodorow (1985), Benjamin (1993) und Mitchell (1976) zu nennen.

Der Theorie von Freud wird von feministischer Seite mit Ambivalenz begegnet. Einerseits wird die Theoretisierung von Geschlechtlichkeit und Sexualität positiv bewertet. Für Freud sind die Entwicklung von Kindern zu Männern und Frauen sowie die Formung der Sexualität nicht selbstverständlich, sondern erklärungsbedürftig. Bell (2004, S. 152) fasst zusammen, dass sich aus feministischer Perspektive als besonders ergiebig »Freud's attention to the family, the body, the unconscious, internal conflict, and internalization in the develpment of gender« herausgestellt haben. Andererseits können aus feministischer Perspektive folgende Argumente gegen Freud vorgebracht werden:

- Freud habe die männliche Entwicklung als Norm etabliert und Weiblichkeit ›übersehen‹ und abgewertet.
- In Freuds Theorie bekomme das männliche Geschlechtsorgan eine zu große Bedeutung zugewiesen, seine Theorie sei phallozentrisch verzerrt. Die Konzepte des Penisneids und des Ödipuskomplexes nähmen eine unverhältnismäßig wichtige Stellung ein und erklären die weibliche Entwicklung unzureichend.
- Die Normativität von Freuds Aussagen über Frauen »reflect[s] values that emerged during the Victorian era« (Bardwick 1971, S. 5).
- Freud entwerfe ein normatives Modell der weiblichen Sexualität, das den vaginalen Orgasmus über den unreifen, klitoralen Orgasmus stelle und damit weibliche Sexualität einschränke.
- Freud werte Frauen ab, indem er annimmt, dass Frauen aufgrund einer anderen ödipalen Konstellation in der Familie ein weniger starkes und unabhängiges Über-Ich entwickeln als Männer.

Im Gegensatz dazu wird von feministischen Psychoanalytikerinnen die weibliche Entwicklung als eigenständiges Phänomen unter die Lupe genommen. Dabei wird vor allem der Penisneid der Mädchen infrage gestellt – *erstens* sei er empirisch nicht haltbar, *zweitens* empfänden alle Kinder Neid und *drittens* beneideten Jungen/Männer Frauen durchaus auch um ihre Gebärfähigkeit (das Konzept des Gebärneids stammt von Karen Horney). Benjamin und Chodorow legen sich des Weiteren die Frage vor, wie sich die primäre Versorgung von Kindern durch Frauen in einer geschlechterdifferenzierten Gesellschaft auf die Geschlechterentwicklung auswirkt. Dabei betrachten sie vor allem die Beziehungsdynamiken, die sich zwischen Müttern und ihren Töchtern oder Söhnen abspielen. Diese seien einerseits von der Abhängigkeit von der Mutter und ihrer Bewunderung durch das Kind, andererseits durch die gesellschaftliche Abwertung der Mutterrolle und Höherbewertung der Männerrolle geprägt.

Allerdings weisen feministische Positionen trotz einiger gemeinsamer Kritikpunkte von Anfang an Uneinigkeiten hinsichtlich der Einschätzung der psychoanalytischen Theorie auf. Bell (2004) arbeitet heraus, dass diese Differenzen vor allem die Rolle des Körpers in Freuds Theorie betreffen. Während die einen Freud biologischen Determinismus vorwerfen, argumentieren die anderen, dass Freuds Theorie gerade die Verbundenheit sozialer und biologischer Faktoren berücksichtige. Die Psychoanalyse beschäftige sich nicht »with biology but rather with the transformation of biological facts into mental representations. The forms of these mental representations are a function of the social reality of patriarchy […]. In other words, psychoanalysis deals with the inheritance of a social order« (Williams 1987, S. 40).

Auch in den verschiedenen Werken der *psychology of women* wird die Psychoanalyse als Theorie rezipiert. Von Bardwick (1971) und Williams (1987) wird die Psychoanalyse sogar als die zentrale Theorie ihren Überlegungen zur *psychology of women* vorangestellt. Doch auch hier scheint die bereits beschriebene Uneinigkeit über Freud durch. So bezeichnet zum Beispiel Bardwick Freuds Theorie als »perverted point of view« (Bardwick 1971, S. 9), während Williams sich primär positiv auf Freud bezieht. Bardwick argumentiert gegen Freud, dass der Ursprung der Geschlechterunterschiede nicht in dem (Nicht-)Vorhandensein des Penis liege, sondern in der allgemein stärkeren Sexualität von Jungen, die ihre Entwicklung entscheidend präge (die allerdings ihren Ursprung doch in den Genitalien hat: »Boys have a visible, sensitive, and accessible organ whereas girls have an inaccessible clitoris and an insensitive vagina«; ebd., S. 16). Williams argumentiert mit Bezug auf Mitchell, dass viele feministische Kritiken an der Theorie Freuds vorbei gehen würden. So würde Freuds eigene Skepsis gegenüber seiner Theorie der Weiblichkeit nicht berücksichtigt. Außerdem würde fälschlicherweise angenommen, dass in der Psychoanalyse der biologische Körper als determinierend für die psychologische Geschlechterentwicklung konzipiert würde. Neben Freud stellt Williams die Theorien von Helene

Deutsch und Erik H. Erikson vor. Sie erkennt an, dass Deutsch die Theorie der weiblichen Entwicklung entscheidend vorangebracht und Freuds These des Penisneids relativiert hat. Doch gleichzeitig kritisiert Williams, dass Deutsch die normale weibliche Psyche als passiv, masochistisch und narzisstisch charakterisiert. Dieser ›weibliche Dreischritt‹ wird häufig Freud selbst zugeschrieben (zum Beispiel von Bardwick 1971). Doch Williams macht deutlich, dass Freud Frauen und Männer beide für jeweils aktiv und passiv und für männlich und weiblich gehalten hat und dass erst Deutsch die dichotome Fixierung vorgenommen hat. Auch an Eriksons Gegenüberstellung der weiblichen und männlichen Entwicklung kritisiert Williams die starre Dichotomisierung von Männern und Frauen (die Erikson zudem auf der Biologie aufbaue). Wie Freud gehe Erikson außerdem zunächst von der männlichen Entwicklung als Norm aus, von der diejenige der Frauen abweiche.

Wichtige weitere feministische Lesarten der Psychoanalyse wurden später unter anderem von Luce Irigaray (1979), Monique Wittig (1992), Joyce McDougall (1995) und Judith Butler (1991) vorgelegt. Deren Arbeiten unterscheiden sich aber deutlich vom Forschungsprogramm der *psychology of women* und werden als postmoderne und dekonstruktivistische Ansätze Kapitel 8 zugeordnet.

5 Feministische Forschung zu Geschlechterunterschieden und -gemeinsamkeiten

Die Erforschung von Unterschieden zwischen Männern und Frauen hat in der Psychologie Konjunktur – und das nicht erst in jüngerer Zeit: Bereits Edward Thorndike widmet 1914 den Geschlechterunterschieden ein eigenes Kapitel, in dem er vor allem schulische Leistungen von Mädchen und Jungen miteinander vergleicht (vgl. Sieben 2010). Er kommt zu dem Schluss, dass es zwar Unterschiede gebe, diese jedoch zu gering seien, um praktisch relevant zu werden. Jens Asendorpf (1999, S. 384) schreibt in seinem Standardwerk der Persönlichkeitspsychologie, dass »Geschlechterunterschiede der bisher am weitesten erforschte und am breitesten theoretisch bearbeitete Gegenstandsbereich der Persönlichkeitspsychologie« seien. In den letzten zehn Jahren sind es vor allem neuropsychologische Publikationen, die zu Geschlechterunterschieden erscheinen. Gerade ihre Forschungsergebnisse finden dabei Eingang in populärwissenschaftliche Debatten (siehe z.B. die Spezialausgabe von *Spiegel Online* [2003]: »Der kleine Unterschied«). Neben der expliziten Forschung zu Geschlechterunterschieden ist auf all jene empirischen psychologischen Untersuchungen hinzuweisen, die Unterschiede zwischen Männern und Frauen *en passant* finden. In der Regel wird das Geschlecht der Versuchspersonen in experimentellen Untersuchungen miterhoben, und so ist es ein leichtes, bei der statistischen Auswertung zu überprüfen, ob ein signifikanter Effekt des Geschlechts zu beobachten ist. Viele Artikel berichten diese

Unterschiede (teilweise in Ermangelung anderer signifikanter Effekte), doch wie sie zu erklären sind, bleibt oft unklar. Schließlich werden sie meist unabhängig von der eigenen Theorie und den Forschungshypothesen gefunden und müssen so *post hoc* erklärt werden.

Dass es sich hierbei um einen aus feministischer Perspektive ausgesprochen relevanten Forschungsbereich handelt, liegt auf der Hand. Psychologische Geschlechterunterschiede (sowohl gefundene als auch widerlegte) werden als wirkungsvolle Argumente in Debatten um die Gleichberechtigung der Geschlechter eingesetzt (sowohl pro als auch contra). Und das, obwohl es sich hierbei um einen klassischen Seinsollen-Fehlschluss (siehe Kapitel 2) handelt: So können streng genommen von einer festgestellten Differenz zwischen Männern und Frauen keine gesellschaftspolitischen Konsequenzen abgeleitet werden. Andersherum fordert auch die empirisch gefundene Gleichheit der Geschlechter nicht automatisch zu einem bestimmten Umgang mit Frauen und Männern auf. Trotz dieser wissenschaftstheoretischen Probleme ist der Verweis auf empirisch bewährte Geschlechterunterschiede oder -gemeinsamkeiten ein mächtiges Argument in entsprechenden Diskursen. Letzteres gilt insbesondere, wenn gefundene Unterschiede nicht als kulturspezifische Momentaufnahme, sondern als biologisch bedingte, menschliche Universalie verstanden werden. So beginnt zum Beispiel Asendorpf (1999, S. 347) sein Kapitel zu Geschlechterunterschieden mit dem Satz: »Das Geschlecht ist ein biologisches Faktum.« Und er fügt hinzu, dass das Geschlecht »biologisch definiert und im Geschlechtsstereotyp einer Kultur bzw. eines Individuums sozial verankert [sei]«. Es folgt eine Darstellung der Geschlechtsentwicklung in folgender Reihenfolge: genetisches Geschlecht – hormonelles und neuronales Geschlecht – psychologisches Geschlecht. Auch wenn Asendorpf (1999, 2007) im Verlauf des Kapitels biologische Erklärungsansätze durchaus kritisch diskutiert, differenziert mit Geschlechterunterschieden umgeht und kulturpsychologische Erklärungen heranzieht, ist durch die so gewählte Einleitung die Biologie bereits als unumstößlicher Ursprung von psychologischer Geschlechtlichkeit etabliert. Durch diese Naturalisierung werden Geschlechterunterschiede nicht nur legitimiert, sondern auch als unveränderlich festgeschrieben (»es liegt nicht an der Kultur, dass Frauen und Männer verschieden sind – also können wir daran auch nichts ändern«).

Wie wir in diesem Kapitel zeigen, setzen feministische Psycholog_innen diesem tendenziell antifeministischen Umgang mit psychologischen Geschlechterunterschieden ihre eigene Erforschung von Unterschieden und Gemeinsamkeiten entgegen. Dabei wählen sie *erstens* andere Methoden, die zu einer Objektivierung der Forschung und somit einer Reduzierung ideologischer Einflüsse führen sollen. Sie zeigen, dass es durch die Wahl bestimmter Forschungsfragen, Untersuchungsdesigns und Auswertungsverfahren zu einer Überbetonung von Unterschieden zwischen Männern und Frauen sowie zu einer Unterbetonung von Gemeinsamkeiten kommt. *Zweitens* schlagen sie andere theoretische Erklärungen vor, die entweder vollständig auf biologische Aspekte verzichten oder diese durch Hinzunahme kultureller Faktoren relativieren.

Susan Pinker (2008) hat jedoch unlängst gezeigt, dass auch gegenüber selbsterklärten feministischen Publikationen zu Geschlechterunterschieden Vorsicht geboten ist. In ihrem Buch *Das Geschlechterparadox. Über begabte Mädchen, schwierige Jungs und den wahren Unterschied zwischen Männern und Frauen* (2008) vertritt sie die These, dass Männer und Frauen aufgrund ihrer biologischen Ausstattung andere berufliche Karrieren anstrebten und auf unterschiedliche Weise erfolgreich seien. Es sei vor allem die Biologie des männlichen Geschlechts, die dieses zu Extremen prädisponiere, und zwar sowohl im unteren als auch im oberen Leistungsbereich. Aus diesem Grund seien Männer besser für Spitzenpositionen geeignet. Frauen seien im Gegensatz dazu ›normaler‹, aber auch weniger bereit, für den Beruf Extremleistungen zu erbringen. Ohne an dieser Stelle ausführlich auf Pinker einzugehen, möchten wir doch betonen, dass es uns aus feministischer Perspektive wenig hilfreich erscheint, Thesen über den ›wahren‹ Geschlechterunterschied aufzustellen – auch wenn Pinker mit ihrer Kritik sicherlich Recht hat, dass bei angenommener Geschlechtergleichheit häufig Männer die implizite Norm bilden, von der Frauen in negativer Weise abweichen.

Dieses Kapitel stellt feministische Ansätze zur Erforschung von Geschlechterunterschieden und -gemeinsamkeiten vor. Dabei liegt der Schwerpunkt auf der Darstellung der spezifisch feministischen Herangehensweise und nicht auf dem Referieren empirischer Forschungsergebnisse. Wir können in diesem Kapitel nur an Beispielen auf konkrete Bereiche eingehen, in denen Geschlechterunterschiede untersucht wurden – viel zu umfangreich ist die vorliegende Forschung. Denn auch wenn es einige wenige Eigenschaften gibt, die besonders häufig untersucht werden (z. B. Aggression, Fürsorglichkeit, verbale Fähigkeiten, räumliche Fähigkeiten, Sexualität, Partnerwahl, Durchsetzungsfähigkeit), sind prinzipiell fast alle psychologischen Phänomene schon auf Geschlechterunterschiede getestet worden.

5.1 Fünf Strategien der Neubearbeitung

Wer sich mit psychologischen Geschlechterunterschieden und ihrer feministischen Erforschung auseinandersetzt, kommt vor allem an vier Namen nicht vorbei: Eleanor Maccoby und Carol Jacklin (1974; Maccoby hat zusätzlich 1966 ein entsprechendes Buch herausgegeben), Alice Eagly (u. a. Eagly 1987; Eagly et al. 2004; Shaw-Barnes/Eagly 1996) und Janet Hyde (u. a. 2005; Hyde/Linn 1988; Hyde/Linn 2006; Hyde/McKinley 1997). Maccoby und Jacklin (1974) tragen Forschungsergebnisse zu den Bereichen Wahrnehmung, Lernen, Gedächtnis, intellektuelle Fähigkeiten, Leistungsmotivation, Selbstkonzept, Temperament und Machtorientierung zusammen. In einem anschließenden Teil ziehen sie drei Theorien zur Erklärung heran: die Theorie des Imitationslernens, des Verstärkungslernen und der Selbst-Sozialisation. Eagly (1987) trägt Studien zusammen, die sich mit verschiedenen Bereichen sozialen Verhaltens befassen: Hilfeverhalten, aggressives Verhalten, Beeinflussbarkeit, non-verbales Verhalten und Verhalten in Kleingruppen. Sie wendet hierfür die Methode der Metaanalyse an (siehe unten) und entwickelt zur Erklärung die *social role theory* (siehe unten). Auch Hyde (2005) hat mit großen Metaanalysen gearbeitet, unter anderem zu verbalen (Hyde/Linn 1988) und zu mathematischen und naturwissenschaftlichen Fähigkeiten (Hyde/Linn 2006).

Gemeinsam ist allen Forscherinnen die Verpflichtung zur empirischen Forschung und gegenüber der Wissenschaftsorientierung der *Mainstream*-Psychologie. Sie setzen sich die möglichst objektive Untersuchung, Berichterstattung und Erklärung der ›gefundenen‹ Unterschiede zum Ziel, um Mythen über Geschlechterunterschiede von substanziellen Befunden zu trennen. Dabei zeigen sie, dass durch den Einsatz anderer Methoden und Theorien durchaus andere Geschlechterunterschiede beziehungsweise -gemeinsamkeiten (Hyde 2005) zum Vorschein kommen können und dass es daher wenig sinnvoll ist, von allgemeingültigen Unterschieden zu sprechen. Maccoby, Jacklin, Hyde und Eagly (sowie ihre Mitarbeier_innen) verzichten auf eine »explizit feministische Wissenschaftstheorie« (siehe 2.3) und kritisieren stattdessen die Psychologie mithilfe ihrer eigenen wissenschaftlichen Normen (2.2). Sie zeigen auf, an welchen Stellen psychologische Forschungsergebnisse eben nicht objektiv sind. Allerdings betonen sie auch, dass sie Geschlechterunterschiede dann durchaus anerkennen (und sich nicht aus feministischer Perspektive per se gegen Unterschiede sträuben), wenn diese in objektiven Studien nachgewiesen wurden. Ihre Vorschläge für diese objektive Forschung werden nun vorgestellt.

Erweiterung und Korrektur der eingesetzten Methoden und Auswertungsverfahren

Maccoby und Jacklin (1974) listen verschiedene Probleme von Studien über Geschlechterunterschiede auf, die vor allem die Interpretation der Befunde betreffen:

- ➢ Es finden häufig einzelne Studien, in denen Geschlechterunterschiede belegt werden konnten, Eingang in weiterführende Diskussionen, andere Artikel oder Lehrbücher, ohne dass berücksichtigt wird, dass sich die Befunde in anschließenden Untersuchungen nicht replizieren ließen.
- ➢ Wenn bei der Auswertung nur die Ergebnisse bei einem Geschlecht signifikant werden, wird dies teilweise so interpretiert, als ob ein signifikanter Geschlechterunterschied vorliege. Dafür müsste allerdings die Interaktion zwischen Geschlecht und dem Experimentalfaktor signifikant sein. Denn der Unterschied zwischen den Geschlechtern könnte marginal sein, aber bei einem Geschlecht gerade die Signifikanzgrenze über-, beim anderen gerade unterschreiten.
- ➢ Manchmal werden Studien, die nur Frauen oder nur Männer als Versuchspersonen untersuchen, so interpretiert, als ob sie einen Geschlechterunterschied zeigen.
- ➢ Bestimmte Muster innerhalb eines Geschlechts werden manchmal als Geschlechterunterschied interpretiert. Als Beispiel führen Maccoby und Jacklin verbale und physische Aggression an. Der Befund, dass bei Mädchen verbale Aggression häufiger sei als physische Aggression – und bei Jungen genau umgekehrt –, wird manchmal so interpretiert, dass Mädchen mehr verbale Aggression als Jungen zeigen. Dies ist durch den beschriebenen Befund allerdings nicht impliziert.

Um die Interpretation von Geschlechterunterschieden zu objektivieren, tragen Maccoby und Jacklin möglichst viele Untersuchungsergebnisse zu verschiedenen inhaltlichen Bereichen zusammen und stellen diese jeweils in Tabellen dar. Diese zeigen, ob signifikante Unterschiede gefunden wurden und in welche Richtung sie weisen.

Eagly (1987) sowie Hyde und Linn (1986, 1988, 2006) schlagen alternativ zu diesem Vorgehen der zusammenfassenden Darstellung mehrerer Forschungsergebnisse die

Metaanalyse für die Geschlechterforschung vor. Die Metaanalyse wurde als methodisches Werkzeug Ende der 1970er Jahre entwickelt und seit Beginn der 1980er Jahre auch in der Forschung zu Geschlechterunterschieden eingesetzt (z.B. Hyde/Linn 1986). Die Metaanalyse kann mehrere Untersuchungsergebnisse nicht nur tabellarisch, sondern statistisch zusammenfassen. Hierfür werden neben der Signifikanz der Ergebnisse auch die Stichprobengröße und die Effektstärke berücksichtigt (siehe Shaw-Barnes/Eagly 1996 für eine Einführung in die Methode der Metaanalyse). Durch die Anwendung der Metaanalyse kann verhindert werden, dass einzelne Studien (die vielleicht besonders wirkungsvoll publiziert wurden) einen überdimensional großen Einfluss haben. Des Weiteren werden die Befunde korrigiert, die ihre Signifikanz einer großen Stichprobe verdanken. Wie Asendorpf (1999) beschreibt, ist dies vor allem bei Studien mit Intelligenztests von Relevanz. Da in den USA jährlich sehr viele Studienanfänger_innen mit diesen Instrumenten getestet werden, lägen sehr große Datensätze zur Auswertung vor. Es könnten daher sehr viele signifikante Geschlechterunterschiede gefunden werden, die allerdings aufgrund ihrer geringen Effektstärke zu vernachlässigen seien.

Shaw-Barnes und Eagly (1996) weisen vor allem auf die Vorteile der Metaanalyse im Vergleich zur narrativen Zusammenfassung des Forschungsstands hin. Letztere sei in ihrer inhaltlichen Gewichtung sehr viel stärker abhängig von der subjektiven Einschätzung der Autor_innen und daher anfälliger für ideologische Verzerrungen. Es sei an dieser Stelle betont, dass es sich bei der Metaanalyse mittlerweile um ein Standardverfahren handelt, das selbstverständlich nicht nur in feministischen Forschungen zum Einsatz kommt. So erwähnt zum Beispiel Asendorpf (1999), dass sowohl der Einsatz der Metaanalyse als auch die Berechnung von Effektstärken bei der Erforschung von Geschlechterunterschieden zu empfehlen sind, auch wenn er damit kein feministisches Anliegen verfolgt.

Unsichtbare Gemeinsamkeiten: Unveröffentlichte Ergebnisse und die fehlende Suche nach Geschlechtergemeinsamkeiten

Ein Problem, das sich insbesondere auch für die Metaanalyse stellt, sind unpublizierte Ergebnisse. Maccoby und Jacklin (1974) argumentieren, dass nicht signifikante Geschlechterunterschiede häufig nicht berichtet werden. Dies ist *erstens* der allgemeinen Tendenz in psychologischen Publikationen zuzuschreiben, nur signifikante Ergebnisse zu veröffentlichen. (Dies stellt bereits an sich ein Problem dar, da hierdurch die Falsifikation von Theorien erschwert wird, denn nicht signifikante Ergebnisse geben ja durchaus einen Hinweis darauf, dass sich die Theorie nicht empirisch bewährt. Sie haben daher einen Erkenntniswert.) Zweitens kommt dieser Effekt dadurch zustande, dass Geschlechterunterschiede meist gar nicht explizit gesucht und nur dann berichtet werden, wenn sie quasi zufällig entdeckt werden. Allerdings schlagen auch Maccoby und Jacklin keine Lösung für dieses Problem vor.

Dass insgesamt mehr Unterschiede als Gemeinsamkeiten publiziert werden, hat aber noch andere Ursachen. Sehr viel häufiger gehen Forschende von Unterschieden aus und suchen gezielt danach. Sehr viel seltener wird die sogenannte »gender similarities hypothesis« (Hyde 2005) getestet – obwohl, wie Hyde (2005) anhand von Metaanalysen zeigt, bei den meisten psychologischen Variablen keine Geschlechterunterschiede zu finden sind. Durch diese Schieflage in der Forschung kommt es insgesamt auch zu einem verzerrten Bild psychologischer Geschlechtergemeinsamkeiten und -unterschiede.

Theory matters: Wie werden Geschlechterunterschiede erklärt?

Der Fokus der Forschung zu Geschlechterunterschieden liegt zumeist auf der möglichst objektiven Erfassung und Beschreibung dieser Unterschiede. Wir haben hier einen primär deskriptiven Forschungsbereich vorliegen. Aus feministischer

Sicht ist diese Situation unbefriedigend, vor allem aus zweierlei Gründen. *Erstens* erscheinen nicht erklärte und nur beschriebene Unterschiede zwischen Männern und Frauen als feststehende Tatsachen. Erst eine Zurückführung dieser Unterschiede auf Faktoren in der Umwelt oder im Organismus und eine Rekonstruktion der Entwicklung der Unterschiede würden es ermöglichen, die Unterschiede auch gerade in ihrer Veränderlichkeit zu verstehen. *Zweitens* werden die gefundenen Differenzen vor allem von Evolutionspsycholog_innen aufgegriffen und in ihre Theorien integriert. Hierdurch wird der essenzielle Charakter der Geschlechterunterschiede theoretisch untermauert: Geschlechterunterschiede sind nach der Evolutionspsychologie natürlich, durch Selektion herausgebildet und von hohem evolutionären Nutzen.

Feministische Psycholog_innen wählen verschiedene Strategien, um Geschlechterunterschiede alternativ zu erklären. Peter Hegarty und Felicia Pratto (2001) weisen darauf hin, dass zunächst zu beachten ist, was überhaupt als Explanandum verstanden wird. Bei einem empirisch gefundenen Unterschied, zum Beispiel in der Matheleistung bei Frauen und Männern, ist es möglich, die schlechtere Leistung von Frauen im Vergleich zu Männern zu erklären, oder die bessere Leistung von Männern im Vergleich zu Frauen. Dann wird aber jeweils etwas anderes als Norm verstanden. Die Wahl der Gruppe, die als abweichend verstanden wird und deren Leistung erklärt werden muss *(effect to be explained)*, ist oft stereotypgeleitet. Wenn also das Klischee vorherrscht, Frauen seien schlechter in Mathematik als Männer, wird nach Erklärungen für deren schlechteres Abschneiden gesucht, statt nach Argumenten für das bessere Abschneiden der Männer, wie zum Beispiel: Lehrer_innen fördern Jungen durch ihr Verhalten im Unterricht in Mathematik besonders. Die stereotypgeleitete Wahl des Explanandums erzeugt allerdings selbst wiederum Stereotype (was einen Kreislauf am Leben erhält). Im genannten Beispiel der Matheleistung erzeugt die Erklärung den Eindruck, dass Mädchen zu wenige Leistungspunkte erzielen und nicht den, dass Jungen zu viele Leistungspunkte bekommen.

Sowohl Maccoby und Jacklin (1974) als auch Eagly (1987) schlagen Alternativen zu den einseitig biologischen, evolutionstheoretischen Erklärungen vor. Maccoby und Jacklin (1974) verzichten vollständig auf biologistische Theorien (mit dem Argument, dass sie selbst keine Biologinnen oder Genetikerinnen seien, sondern Psychologinnen) und vergleichen stattdessen drei psychologische Lerntheorien miteinander: die Theorie des Imitationslernens, des Verstärkungslernens und der Selbst-Sozialisation. Eagly sowie Eagly und andere (Eagly 1987; Eagly et al. 2004) haben die Social Role Theory zur Erklärung von Geschlechterunterschieden entwickelt und auf verschiedene Themenbereiche, unter anderem Aggression (Eagly 1987) angewendet. In diesem Buch wird diese Theorie detailliert anhand des Beispiels »Geschlechterunterschiede bei der Partnerwahl« vorgestellt.

Ausgangspunkt der Arbeiten von Eagly und anderen war eine von David Buss (1994) groß angelegte und in 37 verschiedenen Kulturen durchgeführte Studie, mit der er die Geschlechterunterschiede zwischen Männern und Frauen hinsichtlich relevanter Kriterien für die Partnerwahl erhoben hat. Buss beschreibt, dass Frauen auf den sozialen Status des Mannes, sein Einkommen und seine Qualitäten als ›Beschützer‹ achteten und ältere Männer bevorzugten. Männer achteten auf die Fähigkeiten der Frau als Hausfrau und Mutter sowie ihre Jugendlichkeit, ihr gutes Aussehen und ihre Gesundheit (Buss 1994). Buss berichtet, dass dieser Geschlechterunterschied konstant über alle untersuchten Kulturen sei. Erklärt werden diese Befunde von Buss evolutionspsychologisch, das heißt über die Mechanismen der sexuellen Selektion (für einen Überblick siehe auch Stroebe et al. 2003). Am Anfang steht nach dieser Theorie die unterschiedliche elterliche Investition: Frauen tragen, gebären und stillen ihr Kind, während Männer im Extremfall nur an der Zeugung beteiligt sind. Durch diese unterschiedliche Beteiligung an der Fortpflanzung sind Frauen des Weiteren stärker ans Haus gebunden, unflexibler und weniger mobil als Männer. Dementsprechend hat es sich in der Evolution als sinnvoll für Frauen herausgestellt, einen Partner zu wählen, der sie ernähren und beschützen kann. Männer hingegen sind für die Gesundheit ihres Nachwuchs vor allem von der Gesundheit (und damit Jugend) der Partnerin sowie ihren Fähigkeiten zur ›Aufzucht‹ abhängig. Diese Mechanismen haben sich durch die Selektion in der Evolution herausgebildet und sind in der Natur des Menschen, sprich in der Natur von Männern und Frauen verankert. Es sei hier nur angemerkt, dass auf dieselbe evolutionspsychologische Weise auch erklärt wird, warum Männer angeblich häufiger untreu sind und auf die Untreue ihrer Frau negativer reagieren als Frauen auf den Seitensprung ihres Mannes und warum Frauen angeblich eher Monogamie bevorzugen als Männer. Neben der Naturalisierung und Essenzialisierung ist dieses evolutionspsychologische Erklärungsmodell aufgrund seines normativen Gehalts aus feministischer Sicht zu kritisieren. Merkmale, die sich in der Evolution herausgebildet haben, erscheinen als nützlich für die Spezies. Es scheint, dass sich Menschen deshalb weiterentwickelt haben und überleben konnten, weil sie die entsprechenden Geschlechterunterschiede ausgebildet haben. Eine Veränderung der geschlechtsspezifischen Arbeitsteilung erscheint aus dieser Perspektive als ein riskantes Unterfangen.

Eagly et al. (2004) setzen dem evolutionspsychologischen Modell ihre Social Role Theory entgegen, die in Grafik 2 dargestellt ist.

Dreh- und Angelpunkt dieser Theorie ist die geschlechtsspezifische Arbeitsteilung. Sie habe sich in der Vergangenheit aufgrund der unterschiedlichen körperlichen Ausstattung von Männern und Frauen entwickelt. Eagly et al. setzen voraus, dass Frauen Kinder gebären und stillen können und dass Männer stärker und schneller sind. Je nach Lebensform, Wirtschaftsweise und Umwelt nehmen daher Männer und Frauen in Gesellschaften unterschiedliche Arbeitsrollen ein. Tendenziell werden von Männern die Tätigkeiten übernommen, die eine lange Abwesenheit vom Haus (z. B. Jagd, Krieg) oder besondere körperliche Stärke erfordern. Auf der Basis

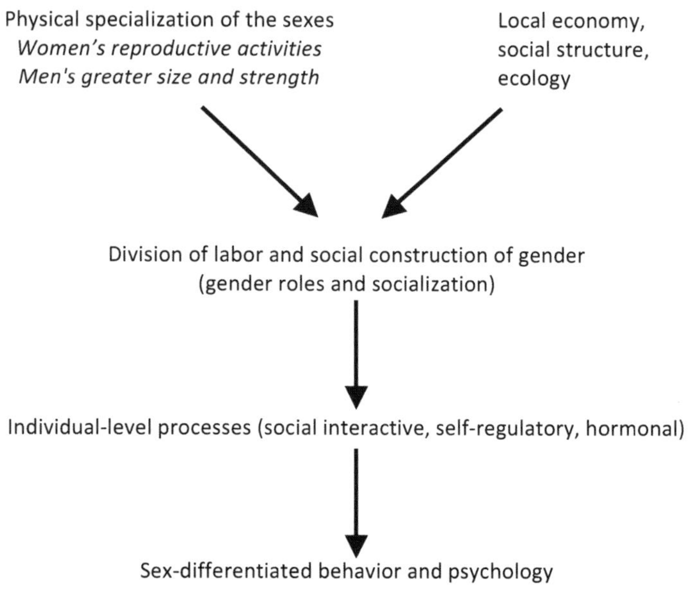

Grafik 2: Social Role Theory (Eagly et al. 2004, S. 271)

dieser Arbeitsteilung entwickeln sich Geschlechterrollen, die Erwartungen an Männer und Frauen und das ihnen angemessene Verhalten umfassen. Individuen übernehmen diese Geschlechterrollen und – vermittelt über individuelle, psychische Prozesse – verhalten sich entsprechend der Rollenvorgaben. Diese Rollenentsprechung im Verhalten kann durch biologische, vor allem hormonelle Prozesse unterstützt werden. So erhöht sich der Testosteronspiegel von Männern, wenn sie sich im Wettbewerb oder Kampf befinden, ein Prozess, der sich positiv auf ihre körperliche Leistungsfähigkeit auswirkt. Die Geburt eines Kindes löst bei Frauen eine Hormonausschüttung aus, die ihre Fürsorglichkeit erhöht. Kritisch merken Eagly et al. an, dass diese hormonellen Prozesse weniger geschlechtsspezifisch sind, als es auf den ersten Blick den Anschein hat. So ändert sich nach der Geburt eines Kindes auch die Konzentration von Hormonen bei Männern in eine Richtung, die Fürsorglichkeit unterstützt und Aggressivität abschwächt (Eagly et al. 2004, S. 280).[7]

In Bezug auf die Partnerwahl erklärt die Social Role Theory die gefundenen Geschlechterunterschiede folgendermaßen. In Kulturen mit einer geschlechtsspezifischen Arbeitsteilung, die Männern häufiger die Rolle als Ernährer der Familie und Frauen die Rolle als Hausfrau und Mutter zuweist, ist mit der Entwicklung entsprechender Geschlechterrollen zu rechnen. Die Geschlechterrollen sind an die ›tatsächliche‹ Lebenssituation adaptiert. Sie geben Männern vor, sich eine jüngere, gut aussehende Frau mit häuslichen Fähigkeiten als Partnerin zu suchen, und Frauen, einen älteren, gut verdienenden und statushohen Mann zu wählen. Der entscheidende Unterschied dieser Erklärung zur evolutionspsychologischen Theorie ist, dass dieser Rollenunterschied an eine soziale Situation, die Arbeitsteilung, gekoppelt wird. Demnach ist zu erwarten, dass sich bei Veränderung der Arbeitsteilung die Geschlechterrollen und letztendlich auch das Partnerwahlverhalten von Männern und Frauen verändert. Dies haben Alice Eagly und Wendy Wood (1999) untersucht, indem sie die Ergebnisse von Buss (1994) aus 37 verschiedenen Kulturen ins Verhältnis gesetzt haben zur Traditionalität der Geschlechterverhältnisse in den entsprechenden Kulturen. Hierfür haben sie die beiden Indizes »Gender Empowerment Measure« (GEM) und »Gender-Related Development Index« (GDI) herangezogen, die im United Nations Development Programme (1995) für die verschiedenen Länder bestimmt wurden. Bei der Korrelation dieser Indizes mit den Ergebnissen von Buss ergab sich, dass tatsächlich in traditionellen Kulturen Männer Frauen stärker nach Jugendlichkeit und haushaltlichen Fähigkeiten und Frauen Männer vermehrt nach Einkommen und höhrerem Alter ausgewählt haben als in egalitäreren Kulturen.

7 Kritisch ist anzumerken, dass Eagly et al. nicht darauf eingehen, inwiefern auch bei Frauen der Testosteronspiegel steigt, wenn sie sich in Wettkampfsituationen befinden.

Zusätzliche Differenzierung relativiert Geschlechterunterschiede

In der Studie von Buss werden die gefunden interindividuellen Unterschiede in den angegebenen Kriterien für die Partnerwahl ausschließlich auf die Geschlechterdifferenz zurückgeführt. Weitere Unterscheidungsdimensionen werden nicht berücksichtigt. Auch kommt nicht zur Sprache, dass in allen Kulturen zwar tendenziell die gleichen Geschlechterunterschiede auftreten, der Zusammenhang zwischen dem Merkmal Geschlecht und den Kriterien für die Partnerwahl aber durchaus unterschiedlich stark ist.

In ihrer kritischen Überarbeitung setzen Eagly et al. (2004) an dieser fehlenden Differenziertheit an. Zusätzlich zu der bereits beschriebenen Korrelation der Befunde von Buss mit den Indizes für Geschlechtergleichberechtigung (Eagly/Wood 1999) führen sie verschiedene Untersuchungen durch. In einer Studie (Johannesen-Schmidt 2003) mit US-amerikanischen Studierenden wird ein Rollenspiel initiiert, bei dem sich die Teilnehmenden entweder in die Rolle des ›Familienernährers‹ oder der ›Hausfrau‹ hineinversetzen, unabhängig von ihrem Geschlecht. Dann werden sie nach den Kriterien für ihre Partnerwahl befragt. Es zeigt sich, dass Personen in der Rolle des Ernährers eher Personen bevorzugen, die jünger als sie sind und über Haushaltsfähigkeiten verfügen. Personen in der Rolle der ›Hausfrau‹ bevorzugen ältere Personen mit hohem Einkommen. Tendenziell treten diese rollenabhängigen Präferenzen bei beiden Geschlechtern auf, sie können allerdings die geschlechtsspezifischen Tendenzen, wie sie bei Buss beschrieben sind, nicht komplett überlagern.

In einer anderen Studie (Johannesen-Schmidt/Eagly 2002) befragen sie wiederum US-amerikanische Studierende nach ihrer Geschlechterideologie (vor allem nach ihrer Meinung zur Berufstätigkeit von Frauen). Die erhaltenen Werte werden mit den Kriterien für die Partnerwahl in Relation gesetzt. Personen mit einer traditionellen Geschlechterideologie zeigen das geschlechtsspezifische Muster der Partnerpräferenz. Zum Beispiel zeigt sich: je traditioneller die Geschlechterideologie bei Männern, desto jünger die gewählten Partnerinnen. Auch umgekehrt gilt, dass je traditioneller die Geschlechterideologie bei Frauen ist, desto älter sind die gewählten Partner.

Die Social Role Theory bewährt sich an den drei empirischen Untersuchungen von Eagly et al. (Eagly/Wood 1999; Johannesen-Schmidt 2003; Johannesen-Schmidt/Eagly 2002). In allen Fällen lässt sich die Abhängigkeit der Partnerwahlkriterien von den Geschlechterrollen zeigen. Daran wird deutlich, dass auf den individuellen Entscheidungsprozess mehr Faktoren einwirken als nur das eigene (und im Rahmen der Evolutionspsychologie biologisch definierte) Geschlecht. Es sind dies auf gesellschaftlicher Ebene das Maß der Geschlechtergleichberechtigung und auf individueller Ebene die von einer_einem selbst eingenommene Rolle in einer arbeitsteiligen Gesellschaft sowie die eigene Geschlechterideologie. Auch wenn dies von Eagly und anderen nicht untersucht wurde, können dieser Liste vermutlich zahlreiche weitere Faktoren hinzugefügt werden, die die Partnerwahl beeinflussen (zum Beispiel Erfahrungen mit den eigenen Eltern, Eigenschaften der auswählenden Person wie Selbstbewusstsein, Selbstständigkeit, Abhängigkeit).

Zur Berichterstattung von Geschlechterunterschieden und -gemeinsamkeiten

Auf einer wiederum anderen Ebene setzt die Kritik von Peter Hegarty und Carmen Buechel (2006) an. Sie analysieren die Berichterstattung von Geschlechterunterschieden in den der APA zugeordneten Journalen für den Zeitraum von 1965 bis 2004. Basierend auf dem Konzept des Androzentrismus untersuchen sie sprachliche, semantische und grafische Formen der Darstellung von Geschlechterunterschieden. Sie zeigen, dass auf sprachlicher Ebene das generische Maskulinum fast vollständig aus den Zeitschriften verschwunden ist, eine Entwicklung, die sie hauptsächlich auf das Verbot des generischen

Maskulinums durch die APA 1977[8] zurückführen. Dafür ist auf Satzebene durchaus eine androzentrische Berichterstattung vorzufinden. Bei Vergleichen von Männern mit Frauen werden Männer deutlich häufiger als Standard gesetzt, von dem Frauen dann abweichen. Frauen sind demnach different. Es ist auch ihr Abweichen, das erklärungsbedürftig ist (der sogenannte *effect to be explained*; siehe oben). Ähnliches lässt sich über die grafischen Abbildungen sagen. Hier werden die Männern zugeordneten Darstellungen meist an erster Stelle angeordnet (bei Darstellung auf der x-Achse werden Männer links, Frauen rechts dargestellt). Von diesem Schema wird allerdings abgewichen, wenn Unterschiede im Elternverhalten berichtet werden. In diesem Fall werden Frauen als erstes abgebildet. Entsprechend der Geschlechterrollen bilden Frauen den Standard des Elternverhaltens.

5.2 Kritische Einschätzung

Feministische Forschung zu Geschlechterunterschieden und -gemeinsamkeiten interveniert in einer Debatte, die zu einem großen Teil von Stimmen dominiert wird, die die Stereotypisierung der Geschlechter in populistischer und zum Teil explizit antifeministischer Manier betreiben. Dabei wird von Feminist_innen nicht an politische Ideale der Gleichberechtigung appelliert, sondern ›nur‹ an die Werte der Objektivität und Wissenschaftlichkeit, die in der *Mainstream*-Psychologie gelten. Dies ist ein ausgesprochen wirkungsvolles feministisches Vorgehen, wie sich unter anderem daran zeigt, dass mittlerweile die Metaanalyse als allgemeiner Standard psychologischer Forschung zu Geschlechterunterschieden gilt.

Die Verpflichtung zur Methodologie der *Mainstream*-Psychologie geht damit einher, dass man an die Wahrheit objekti-

8 Ein vergleichbar konsequentes Verbot des generischen Maskulinums ist in Deutschland nicht aufgestellt worden, auch die Richtlinien der APA werden an diesem Punkt meist nicht berücksichtigt – obwohl diese Richtlinien zur Manuskriptgestaltung im Allgemeinen in Deutschland populär sind.

ver Befunde, den sogenannten »state of evidence« (Eagly 1995) ›glaubt‹ und glauben muss – auch wenn diese Befunde vielleicht den eigenen feministischen Idealen widersprechen. Dies ist einerseits durchaus positiv zu bewerten, da es die Selbstkritik und Reflexion befördert. Es schafft dadurch Glaubwürdigkeit: Wer in einem Bereich Geschlechterunterschiede anerkennt, kann auch ihre Inexistenz in anderen Bereichen glaubwürdig behaupten. Doch diese Verpflichtung gegenüber dem *state of evidence* ruft andererseits auch kritische Fragen hervor. Es wäre zum Beispiel denkbar, dass feministische Forscher_innen Geschlechterunterschiede durch ihre Forschung untermauern oder diese überhaupt erst entdecken. Ist dies politisch verantwortbar? Sollte diese Forschung nicht komplett vermieden werden? Riskiert man nicht, wissenschaftlich abgesicherte und objektive Aussagen über die Unterschiede von Männern und Frauen zu produzieren? Insbesondere aus sozialkonstruktionistischer und dekonstruktivistischer Perspektive (siehe Kapitel 7) wird auf diesen produktiven Charakter des Wissens über Geschlechterunterschiede hingewiesen: Wissen bildet die Welt nicht nur ab, sondern bringt sie in ihrem Status als Wirklichkeit auch hervor. Wissen formt die Welt – (feministisches) Wissen über Geschlechterunterschiede bringt demnach diese auch hervor. Und dies gilt nicht nur für positive Befunde. Selbst in den Fällen, in denen keine Geschlechterunterschiede gezeigt werden können, bleibt die Unterscheidung zwischen Männern und Frauen bestehen und reproduziert sich durch die Forschung. Diese Kritik ist unter anderem von Rachel Hare-Mustin und Jeanne Marecek (1988, 1990) formuliert worden. Hier sei für eine weitere Erläuterung der konstruktivistischen Perspektive auf Kapitel 7 verwiesen.

Eine alternative Konzeptualisierung von Geschlechterunterschieden ist von Sandra Bem (1974, 1976, 1993) vorgeschlagen worden. Sie kritisiert, dass Geschlechtlichkeit immer in polarisierender Weise wahrgenommen werde und dass die Einteilung in Männer und Frauen zu kurz greife. Stattdessen versteht sie Männlichkeit und Weiblichkeit als kulturell definierte Sets an Eigenschaften. Dabei sind Männlichkeit und Weiblichkeit nicht zwei Enden eines Kontinuums, sondern bilden an sich jeweils ein Kontinuum. Daraus folgt, dass die individuellen Werte für Männlichkeit und Weiblichkeit unabhängig voneinander variieren können, also eine Person beispielsweise niedrige Werte auf beiden Skalen aufweisen kann. Des Weiteren führt Bem das Konzept der Androgynität ein, mit dem sie jene Menschen bezeichnet, die sowohl sehr männlich, als auch sehr weiblichen sind. Zur voneinander getrennten Erfassung von Männlichkeit und Weiblichkeit hat Bem (1974) den »Bem Sex Role Inventory« entworfen. Die Arbeiten von Bem zeigen, dass durchaus auch jenseits des Vergleichs von Männern und Frauen über psychologische Aspekte von Männlichkeit und Weiblichkeit geforscht werden kann. Im Anschluss an die Arbeiten von Bem hat sich statt der Bezeichnung »weiblich« für jenes Eigenschaftsset der Ausdruck *»communal«* etabliert und für die Bezeichnung »männlich« der Ausdruck *»agentic«*. Durch diese als feministisch zu bezeichnende Umbenennungspraxis werden bestimmte Eigenschaften, die kulturell bedingt besonders häufig in Kombination auftreten, nicht mehr anhand des Merkmals Geschlecht gebündelt. Dies hat den Vorteil, dass einerseits empirisch beobachtete Eigenschaftskombinationen benannt werden können, andererseits aber keine Geschlechterstereotype bestätigt werden.

Abschließend wird hier kritisch auf die Social Role Theory eingegangen. Dieser Theorie kommt das Verdienst zu, Geschlechterdifferenzen zu denaturalisieren und an kulturell bedingte Geschlechterrollen zu binden, wodurch diese Unterschiede als veränderlich konzeptualisiert werden. Wo genau allerdings Veränderungsbemühungen ansetzen müssten, um in den Kreislauf von geschlechtsspezifischer Arbeitsteilung → Geschlechterrollen → geschlechtstypischem Verhalten → geschlechtsspezifischer Arbeitsteilung einzugreifen, bleibt unklar. Können Geschlechterrollen ›direkt‹ verändert werden? Oder kann dies nur auf der Basis einer veränderten Arbeitsteilung geschehen? Wie kann sich diese wiederum ändern, solange Personen ihre Arbeit auf der Basis der verinnerlichten Geschlechterrollen einnehmen?

Neben diesen offenen Fragen verwundert die Fokussierung von Eagly et al. auf die dichotome Kategorie Mann/Frau und die heterosexuelle Partnerwahl. Mit Buss (1994) teilen sie die Geschlechterdichotomie und den Heterozentrismus. Dabei könnte die Social Role Theory vermutlich auch jenseits dieser Engführungen angewendet werden. Eine Nicht-Thematisierung ist aber an sich zu kritisieren. Kritisch ist zuletzt auf die Rolle der Biologie in der Social Role Theory hinzuweisen. Die körperlichen Unterschiede zwischen Männern und Frauen werden auch hier als die Ursache der Geschlechterunterschiede und selbst des Patriarchats angegeben. Diese Herleitung – auch wenn ihre Einfachheit verführerisch ist – ist sicherlich stark vereinfacht und ignoriert fast vollständig den Faktor »Macht«. Immerhin wird in Bezug auf die hormonellen Faktoren eine differenzierte Betrachtung gewählt. Es wird darauf hingewiesen, dass zum Beispiel die Geburt eines Kindes bei *beiden* Elternteilen hormonelle Veränderungen hervorruft. Dies zeigt, dass nicht nur die Biologie auf das Verhalten einwirkt, sondern auch Erleben und Verhalten eine entsprechende biologische Reaktion hervorrufen.

6 Sozialpsychologische Kognitionsforschung und Geschlechterkonstruktionismus

In diesem Kapitel stellen wir Arbeiten aus der sozialpsychologischen Kognitionsforschung vor, die wir den queer-feministischen Ansätzen zuordnen. Zunächst erfolgt eine kurze Beschreibung des Feldes, in dem diese Arbeiten entstanden sind und entstehen (6.1). Danach werden zentrale Konzepte vorgestellt (6.2). Abschließend diskutieren wir kritisch, inwieweit diese sozialpsychologischen Arbeiten als queer-feministisch und als konstruktionistisch einzuschätzen sind (6.3).

Als derzeitige Beschreibung des Feldes Sozialpsychologie lässt sich festhalten, dass jenes Erleben, Denken, Fühlen und Handeln untersucht wird, das von der realen, imaginierten oder implizierten Anwesenheit anderer Menschen gezeichnet ist (vgl. Allport 1985). Im Gegensatz zu Phänomenen, die ein Mensch auch alleine erleben kann (wie z. B. Aufmerksamkeit), werden in diesem Forschungsbereich im weitesten Sinne zwischenmenschliche Phänomene (andere Personen müssen nicht real anwesend sein) erforscht. Es lassen sich sowohl verschiedene sozialpsychologische Schulen, als auch thematische abgegrenzte Bereiche voneinander unterscheiden. Zwei Teilgebiete werden in diesem Buch vorgestellt: die sozialpsychologische Kognitionsforschung in diesem und die sozialkonstruktionistischen Ansätze im nächsten Kapitel.

Die sozialpsychologische Kognitionsforschung folgt der Metapher vom Menschen als Informationsverarbeitungssystem und untersucht (häufig unbewusste, ›automatisierte‹)

kognitive Mechanismen, die als dem Erleben und Handeln zugrunde liegend konzipiert werden. Sie beschäftigt sich mit mentalen Prozessen auf individueller Ebene – im Gegensatz zu anderen sozialpsychologischen Forschungsbereichen, die sich mit Motivationen, Identitäten, dem Selbst oder Gruppenprozessen auseinandersetzen. Sie strebt die Entdeckung kognitiver Funktionsweisen an. Hierzu werden Hypothesen über bestimmte Zusammenhänge zwischen mentalen Prozessen und sozialen Stimuli aufgestellt und im Sinne des neopositivistischen, empiristischen Vorgehens (vgl. 2.1) meist in Laborexperimenten auf ihre empirische Bewährung hin geprüft. Die sozialpsychologische Kognitionsforschung ist eine experimentell äußerst produktive Tradition, die einen riesigen Korpus an einzelnen Forschungsarbeiten wie auch bereichsspezifischen Theorien zu kognitiven Mechanismen der Verarbeitung sozialer Stimuli hervorgebracht hat. Damit stellt diese Forschungstradition auch viele Ergebnisse bereit, die als Argumente für queer-feministische Ziele verwendet werden können und die genutzt werden, um geschlechtsspezifischer Unterdrückung und Chancenungleichheit entgegenzuwirken. Keine der Arbeiten orientiert sich dabei an einer explizit feministischen Wissenschaftstheorie (vgl. 2.2 gegenüber 2.3). Es konnten jedoch viele Arbeiten mit ganz praktischen Implikationen durchgeführt werden, von denen unten einige vorgestellt werden. Forschende verfolgen dabei ganz unterschiedliche Motive. Einige arbeiten über sozial-kognitive Mechanismen der Geschlechtlichkeit, ohne sich dabei an feministischen Werten zu orientieren. Andere treten mit dem expliziten Wunsch an, mit ihrer Forschung zu einem sozialen Wandel beitragen zu können. Beispielsweise beschreibt Susan Fiske (1995), wie Ihre Hoffnung, Wissen zu erlangen, das zur Verbesserung der Chancengleichheit zwischen den Geschlechtern angewendet werden kann, tatsächlich erfüllt wurde. Sie wurde eines Tages als Gutachterin vor den obersten Gerichtshof der USA in einem Fall möglicher Geschlechtsdiskriminierung geladen (Fiske et al. 1991). Fiske wurde als Sachverständige für psychologische Mechanismen der Geschlechterdiskriminierung um ihre Einschätzung gebeten. Verhandelt wurde die Klage einer Managerin eines großen Konzerns, die bei Beförderungen mehrfach übergangen wurde, obwohl sie gleich bzw. sogar besser qualifiziert war als ihre (männlichen) Kollegen. Fiske stellte dem Gerichtshof sozialpsychologische Erkenntnisse über die stereotype Wahrnehmung von Frauen vor: So führe unter anderem die mangelnde Passung zwischen dem Stereotyp ›Frau‹ und der Wahrnehmung als Führungskraft zu möglichen Diskriminierungen. Fiske legte damit die Möglichkeit offen, dass die Managerin aufgrund dieser kognitiven Schemata diskriminiert worden war. Tatsächlich folgte der Richter dieser Interpretation und entschied im Sinne der Klägerin.

Andere sozialpsychologische Konzepte wurden zunächst ohne besonderes Interesse an der Kategorie Geschlecht und den Mechanismen der Geschlechterdiskriminierung erforscht (beispielsweise das Konzept Stereotypendruck, das in den USA in Bezug auf Afro-Amerikaner_innen untersucht wurde; Steele/Aronson 1995) und dann auf Frauen als soziale Kategorie angewendet (so konnte gezeigt werden, dass Stereotypendruck auch auf die Leistung von Frauen wirkt: Quinn/Spencer 2001; Spencer et al. 1999). Wir stellen nun einige konkrete Konzepte vor. Die beschriebenen Studien sind dabei als exemplarisch zu verstehen, ihre Darstellung soll Selbstverständnis und Art des Vorgehens der sozialpsychologischen Kognitionsforschung veranschaulichen.

6.1 Relevante Konzepte der sozialpsychologischen Kognitionsforschung

Stereotype

Stereotype werden verstanden als mentale Schemata zu Eigenschaften bestimmter Personengruppen. Dabei betont der Begriff Stereotyp kognitive Aspekte, wogegen mit der Bezeichnung Vorurteil emotionale bzw. affektiv-beurteilende Anteile und mit dem Ausdruck Diskriminierung Handlungsaspekte hervorgehoben werden. Stereotypisieren bedeutet, einer Person allein aufgrund ihrer Gruppenzugehörigkeit gruppenspezifische Eigenschaften zuzuschreiben (vgl. Brewer 1988; Fiske/Neuberg 1990). In der Stereotypenforschung gibt es unzählige Arbeiten über die sozial geteilten Vorstellungen von ›typisch weiblichen‹ und ›typisch männlichen‹ Eigenschaften (z.B. Eagly/Mladinic 1989; Eckes 1994; Kite et al. 2007). Schon bei Dreijährigen sind Geschlechtsstereotype zu finden (Blakemore et al. 1979; Williams et al. 1975) und bestimmte Stereotypinhalte sind interkulturell weit verbreitet (Best/Williams 2001; Williams et al. 1979, 1982). Mit unterschiedlichen quantitativen Methoden wurde und wird der Inhalt von Stereotypen und dessen Beständigkeit erfasst (Diekman/Eagly 2000). So sind über die Zeit hinweg Änderungen dessen, was als ›typisch weiblich‹ und ›typisch männlich‹ gilt, festzustellen (Swazina et al. 2004). Ebenso wird die (positive oder negative) Bewertung bestimmter Stereotype untersucht und der Frage nachgegangen, welche Stereotype nur beschreibend sind und welche hingegen als vorschreibend oder verbietend wahrgenommen werden (Prentice/Carranza 2002).

Die *bedenkenswerten Konsequenzen* solch sozial geteilter Annahmen über ›typisch weibliche‹ und ›typisch männliche‹ Eigenschaften werden herausgestellt. Obwohl Alice Eagly, Steven Karau und Mona Makhijani (1995) in einer Metaanalyse zeigen konnten, dass Frauen in Führungsrollen genauso effektiv wie Männer waren, wird die Frauenrolle (immer noch) als inkompatibel mit der Führungsrolle betrachtet. Die besonderen Repressalien, die Frauen erfahren, wenn sie vom Geschlechtsstereotyp abweichen, um der Führungsrolle zu entsprechen, bezeichnen Laurie Rudman und Julie Phelan (2008) als *backlash*. Zusätzlich steuern Stereotype die Personenwahrnehmung. Es seien nur zwei von unzähligen Beispielen genannt: Eltern schätzen bereits neugeborene Mädchen fälschlicherweise wesentlich kleiner ein als Jungen (Rubin/Provenzano/Luria 1974; Karraker/Vogel 1988). Außerdem wird dasselbe Verhalten (eines Babys in einem Film) völlig unterschiedlich interpretiert, je nachdem, ob die Beobachter_innen davon ausgehen, dass es sich um ein Mädchen oder einen Jungen handelt (Condry/Condry 1976).

Außerdem beeinflussen Stereotype *Beurteilungen*. Das Modell der *shifting standards* (Biernat/Manis 1994, 2007; Biernat et al. 1991) beschreibt, dass für Beurteilungen immer ein bestimmter Referenzrahmen herangezogen wird, der maßgeblich von Stereotypen beeinflusst ist. Wenn es beispielsweise als typisch angesehen wird, dass Jungen gut im Fach Physik sind, Mädchen jedoch eher nicht, wird die Information, »Lisa konnte die Physik-Aufgabe XYZ lösen«, anders bewertet als die Aussage: »Karl konnte die Physik-Aufgabe XYZ lösen.« Wenn Lisas Leistung mit der anderer Mädchen verglichen wird – was vornehmlich geschieht, wenn nach einer Einschätzung dieser Leistung zwischen ›gut‹ und ›schlecht‹ gefragt wird (sogenannte »subjektive Skalen«) – erhält sie sogar eine bessere Bewertung als Karl. Wird die Leistung jedoch mit der von Mädchen und Jungen verglichen – zum Beispiel bei der Vergabe von Punkten zwischen 0 und 100 (sogenannte »objektive Skalen«) – wird sie schlechter als Karl bewertet. Monica Biernat (2003) führt aus, dass zum Beispiel bei Belohnungen, die beliebig oft zu vergeben sind, Frauen, denen eine geringere Leistung zugetraut wird, häufiger gelobt werden (weil sie etwas ›für eine Frau‹ ja sehr gut gemacht hätten). Dieses Bild dreht sich jedoch im Falle von Belohnungen, die nur sehr selten vergeben werden können, um (z.B. einer Beförderung). Hier werden Frauen eher zurückgestellt, weil ihre Leistungen im Vergleich mit Kolleginnen und Kollegen doch nur als Mittelmaß eingeschätzt werden. Darüber hinaus wird das Mehr an Lob auf subjektiven Skalen von Wahrnehmenden ›zurück übersetzt‹, sodass gelobte Frauen insgesamt oft nicht besser eingeschätzt werden als die weniger gelobten Männer (Biernat/Eidelman 2007). Ein an Frauen vergebenes Lob ist also gewissermaßen weniger wert als das an Männer erteilte.

Um die Entstehung von Stereotypen zu erklären, haben Curt Hoffmann und Nancy Hurst (1990) ein Experiment durchgeführt, in dem sie fiktionale Beschreibungen von künstlichen sozialen Kategorien verwendeten. Sie zeigten, dass Stereotype allein aufgrund der beschriebenen Arbeitsteilung entstehen, ohne dass die in Vignetten beschriebenen Verhaltensweisen als Eigenschaften der Akteur_innen bezeichnet wurden. Sie ziehen daraus den Schluss, dass Stereotypisierungen verwendet werden, um eine Unterscheidung zu rationalisieren, indem intrinsische Persönlichkeitsunterschiede unterstellt werden. Solche Arbeiten überschneiden sich teilweise mit denen zu sozialen Rollen, die Frauen und Männer in bestimmten Gesellschaften zugesprochen werden. Den sozialpsychologischen Begriff der sozialen Rolle stellen wir ausführlicher in Kapitel 5 im Zusammenhang mit Eaglys (1987) *Social Role Theory* vor, weshalb an dieser Stelle auf weitere Ausführungen dazu verzichtet wird.

Personenwahrnehmung

Wie wird die Wahrnehmung von einer anderen Person durch das (vermeintlich) festgestellte Geschlecht beeinflusst? In antifeministischen Äußerungen wird häufig darauf hingewiesen, dass bei irgendeinem Thema die Geschlechterfrage gar keine Rolle spiele und dass nicht immer gleich Diskriminierung unterstellt werden solle – niemand achte doch gerade auf das Geschlecht. Einige Arbeiten haben sich dieser Behauptung gewidmet und gezeigt, dass es quasi nicht möglich ist, eine Person ohne Geschlecht wahrzunehmen[9]. Die Zuordnung zu einer Geschlechterkategorie bei der Wahrnehmung einer Person geschieht sofort und automatisch (Brewer et al. 1981; Fiske/Neuberg 1990). Zum Beispiel wird eine Person in einer Besprechung immer sofort als Frau wahrgenommen, auch wenn gerade etwa über die Stabilitätsprüfung von Beton gesprochen wird.

Genau so schnell und unwillkürlich schließen sich Folgeprozesse der Kategorisierung an, wie zum Beispiel der Abgleich des Wahrgenommenen mit den Erwartungen. Da aus

9 Ob zum Beispiel Menschen einer queeren Subkultur durch lange Übung dazu in der Lage wären, wurde bisher nicht untersucht.

der Stereotypenforschung (siehe oben) bekannt ist, dass das Stereotyp über Frauen nicht die Kompetenz in Fragen der Betonstabilität beinhaltet, wird ein sachlicher Beitrag einer Frau zu diesem Thema vor dem Hintergrund der Inkongruenz zwischen Erwartung und Wahrgenommenem beurteilt. Im Beispiel stellt die kompetente Äußerung einer Frau das Frauenstereotyp infrage – aber: Verändert diese Abweichung auch das Stereotyp? Forschungsarbeiten über das Veränderungspotenzial von stereotypabweichenden Personen gehen dieser Frage nach. Sie haben unter anderem gezeigt, dass abweichende Gruppenmitglieder meist zur Ausnahme von der Regel erklärt werden (Kunda/Oleson 1995; Weber/Crocker 1983), was ihr stereotypveränderndes Potenzial mindert. Eine durchsetzungsstarke Geschäftsfrau verändert also nicht so schnell das Stereotyp über Frauen im Allgemeinen, sondern es entsteht die Idee einer speziellen Untergruppe der Geschäftsfrauen. Dies ermöglicht Beurteilenden, an ihrer alten Vorstellung von ›typischen Frauen‹ festzuhalten.

Die Personwahrnehmung ist zusätzlich bereits von Anfang an in Richtung der Erwartung verschoben. Den klassischen *label effect* zeigten Henri Tajfel und Alan L. Wilkes (1963) an der Wahrnehmung von grafischen Linien auf. Wenn einer Gruppe von Linien eine Bezeichnung zugeschrieben wird, verschiebt sich die Wahrnehmung einer einzelnen Linie hin zum Prototyp der Kategorie. Eine mittellange Linie, die laut Bezeichnung zu den kürzeren gehört, wird als kürzer wahrgenommen, als wenn dieselbe Linie laut Bezeichnung zur Gruppe der längeren gehört. Dasselbe funktioniert mit der Wahrnehmung von Gesichtern (Corneille et al. 2004; Huart et al. 2005). Ein androgynes Gesicht, das als »weiblich« bezeichnet wird, wird auch weiblicher wahrgenommen als dasselbe Gesicht, wenn es als »männlich« bezeichnet wird. Darunter fällt auch der oben schon erwähnte Effekt, den John und Sandra Condry (1976) beschrieben haben. Dasselbe Schreien eines Babys auf einem Videoband wurde von Menschen eher als ängstlich interpretiert, wenn sie annahmen, es handele sich um ein Mädchen, und eher als ärgerlich, wenn sie davon ausgingen, es handele sich um einen Jungen. Da es in jedem Fall der identische Videofilm war, handelt es sich um einen klassischen *label effect*.

Einstellungen: Messung von Sexismus

Als Einstellung wird eine psychische Tendenz bezeichnet, »die dadurch zum Ausdruck kommt, dass man ein bestimmtes Objekt mit einem gewissen Grad von Zuneigung oder Abneigung bewertet« (Eagly/Chaiken 1998, S. 269). Traditionelle sexistische Einstellungen beinhalten »(a) stereotypkonforme Betonung von Geschlechtsunterschieden, (b) Glaube an eine Minderwertigkeit von Frauen (relativ zu Männern) und (c) Befürwortung herkömmlicher Geschlechterrollen« (Eckes 2004, S. 170). Auf der Basis dieser Definition wurden Fragebögen und andere Tests zur Erfassung von sexistischen Einstellungen entwickelt (Spence/Helmreich 1972; Spence et al. 1973). Das Diagnostizieren einer sexistischen Einstellung durch Zustimmung zu sexistischen/diskriminierenden Aussagen wurde in der Folge im Arbeitsleben genutzt, um Chancengleichheit für die Geschlechter herzustellen. Dabei hat sich diese Forschungsrichtung in verschiedener Weise verändert. Zum Beispiel wurde das Konzept Sexismus weiter differenziert in benevolenten und hostilen Sexismus (Glick/Fiske 1996). Beide Formen beinhalten die Nicht-Anerkennung von vorhandener Benachteiligung. Hostiler Sexismus unterstellt Frauen zusätzlich, geschlechtsspezifische Benachteiligungen nur anzuführen, um Vorteile gegenüber Männern zu erhalten. Dementsprechend wird im Fragebogen Aussagen wie »die meisten Frauen interpretieren harmlose Bemerkungen oder Handlungen als sexistisch« (Item Nr. 4, Glick/Fiske 1996) zugestimmt. Benevolenter Sexismus hingegen klingt auf den ersten Blick oft positiv, weil er die Unterstützung von Frauen fordert. Er stellt Frauen so dar, als müssten Männer sie beschützen und für sie sorgen, und entmündigt sie auf diese Weise. Zustimmung erfahren im Fragebogen Aussagen wie »Männer sollen sich aufopfern, um Frauen finanziell zu unterstützen« (Item Nr. 20, Glick/Fiske 1996). Des Weiteren wurde das Konzept von Sexismus so erweitert, dass es auch sexistische Einstellungen gegenüber Männern beinhaltet (Glick/Fiske 1999).

Psychologischer Essenzialismus

Das Konzept des psychologischen Essenzialismus (Medin/Ortony 1989) bezeichnet die Zuschreibung einer Essenz zu einer sozialen Kategorie (z.B. Geschlecht oder Klasse). Im Modus des essenzialisierenden Denkens wird angenommen, dass essenzielle Eigenschaften (z.B. die genetische Ausstattung) die Kategorienzugehörigkeit eines Menschen erklären und die für eine bestimmte Kategorie typischen Charakteristika hervorbringen (z.B. werden Verhaltensunterschiede zwischen Männern und Frauen auf die Gene zurückgeführt). Aus psychologischer Perspektive verbirgt sich hinter dem Begriff Essenzialismus keine metaphysische Debatte, sondern die Frage nach den mentalen Repräsentationen essenzialisierenden Denkens. Ideen zur Zusammenführung der Arbeiten dieses Feldes mit der Genderforschung finden sich bei Scholz (2010).

So manche feministische Strömung kritisiert die Unterstellung einer bestimmten ›ureigenen‹ Weiblichkeit, zum Teil mit konkreten Warnungen vor deren Auswirkungen (vgl. Bohan 1993). Innerhalb des sozialpsychologischen Ansatzes können – unabhängig von der Diskussion darüber, ob solche Essenzen wirklich vorhanden sind oder nicht – die kognitiven Wirkungen solcher Annahmen untersucht werden. Deborah Prentice und Dale Miller (2007) fassen zusammen, dass Geschlecht eine der essenzialisiertesten Kategorien unserer westlichen Gesellschaft ist. Infolge von Essenzialisierungen steigt die wahrgenommenen Ähnlichkeit von Gruppenmitgliedern und die wahrgenommene Unterschiedlichkeit zwischen verschiedenen Gruppen (vgl. Yzerbyt et al. 2001). Das heißt beispielsweise, dass Frauen durch die Unterstellung einer essenziellen Weiblichkeit als untereinander ähnlicher und als unterschiedlicher zu Männern wahrgenommen werden. Morton und Kolleg_innen (Morton/Hornsey/Postmes 2009; Morton et al. 2009) zeigten des Weiteren, dass Essenzialisierungen gezielt eingesetzt wurden, wenn sie einem bestimmten Ziel dienten. So essenzialisierten Männer ihre Verschiedenheit zu Frauen, wenn ihr etablierter Status von sozialem Wandel bedroht schien. Und tatsächlich erhöhte andersherum die Konfrontation mit essenzialistischen Theorien über die Verschiedenheit von Frauen und Männern die Akzeptanz von Ungerechtigkeiten (ebd., Exp. 3). Morton et al. ziehen hieraus den Schluss, dass psychologischer Essenzialismus nicht nur eine kognitive Repräsentationsform darstellt, sondern dass Essenzialisierungen auch unter bestimmten Umständen strategisch eingesetzt werden (z. B. um den eigenen sozialen Status zu erhalten).

Auswirkungen des Sprachgebrauchs

Nicht nur die deutsche Sprache ist dominiert vom generischen Maskulinum und anderen sprachlichen Ausdrücken, die davon zeugen, dass der angenommene Prototyp des Menschen männlich ist. Feministische Linguist_innen haben unterschiedlichste Vorschläge gemacht, wie Sprache weniger sexistisch angewendet werden könnte, sodass auch Frauen repräsentiert würden (z. B. durch die Verwendung des Querstrichs: Linguisten/innen; und/oder durch Verwendung eines Binnenmajuskel: LinguistikerInnen; und/oder durch Verwendung der Paarform: Liguistinnen und Linguisten, und/oder durch Verwendung des Unterstrichs, wie in diesem Buch; siehe Kapitel 1). Sehr häufig wird solchen geschlechtergerechten Varianten mit der Bemerkung begegnet, Frauen seien doch auch in der männlichen Form ›mitgemeint‹ (vgl. die klassische Fußnote zu Beginn eines Textes, die darauf hinweist, dass im Folgenden nur die männliche Form verwendet wird, Frauen aber selbstverständlich mitgemeint seien). Ob Frauen jedoch auch tatsächlich mitgedacht werden, lässt sich im Rahmen der sozialpsychologischen Kognitionsforschung überprüfen. Es zeigte sich, dass Männer wie Frauen nach dem Lesen von Texten mit generischem Maskulinum seltener Frauen gedanklich repräsentierten, Frauen also tatsächlich nicht mitgedacht wurden. Dies änderte sich bei der Verwendung verschiedener feministischer Varianten (Hamilton 1991; Irmen/Linner 2005; Rothmund/Scheele 2004; Stahlberg/Sczesny 2001).

Situationsstabilisierende Mechanismen: Selbsterfüllende Prophezeiung und behavioral confirmation

Aus feministischer Perspektive ist es ausgesprochen relevant zu wissen, wie sich Hierarchieverhältnisse selbst aufrechterhalten. Es ist anzunehmen, dass zu den stabilisierenden Mechanismen auch sozialkognitive Prozesse zu zählen sind. Zwei dieser stabilisierenden Prozesse sind in der sozialpsychologischen Kognitionsforschung besonders intensiv untersucht worden, die selbsterfüllende Prophezeiung und die sogenannte *behavioral confirmation*, also die Bestätigung von Annahmen auf der Verhaltensebene. Berna Skrypnek und Mark Snyder (1982) zeigten diese *behavioral confirmation* zum Beispiel in der Arbeitswelt: Männer sollten im Experiment vermeintlichen Frauen und Männern als Arbeitspartner_innen verschiedene Aufgaben zuteilen. Dabei handelte es sich um ›typisch weibliche‹ und ›typisch männliche‹ Aufgaben. Die zuteilenden Männer verteilten die Arbeitsaufgaben stereotypkongruent, das heißt, vermeintlichen Frauen teilten sie die klassisch als weiblich verstandenen Aufgaben zu und vermeintlichen Männern die klassisch als männlich verstandenen. Allerdings waren die Arbeitspartnerinnen ›in Wahrheit‹ ausschließlich Frauen und zeigten entsprechend der ihnen zugeteilten Aufgabe ›typisch weibliches‹ oder ›typisch männliches‹ Verhalten (und eben nicht nur Verhalten, das zu ihrem Geschlecht passt). Dies entspricht der Bestätigung einer anfänglichen Annahme auf Verhaltensebene. Insgesamt werden Frauen eher Aufgaben zugeteilt, die ihre zwischenmenschlichen Fähigkeiten herausfordern (z.B. human resource management) und Männern jene, die ihre Führungsfähigkeiten herausfordern (z.B. production management) (Frankforter 1996). Durch diese selektive Zuweisung von Aufgaben und die darauf folgende Ausführung der ›typisch weiblichen‹ Aufgaben durch Frauen bestätigt und stabilisiert sich das Stereotyp, dass Frauen für den zwischenmenschlichen Bereich besser geeignet seien.

Ähnliches passiert jedoch auch, wenn Frauen von selbst geschlechterstereotypes Verhalten einsetzen, um bestimmte Ziele zu erreichen. Scheinbar gingen die weiblichen Versuchspersonen in der Untersuchung von Carl von Baeyer, Debbie Sherk und Mark Zanna (1981) davon aus, bei einem Bewerbungsgespräch bessere Chancen zu haben, wenn sie sich den Vorstellungen des Interviewers anpassten. Die Bewerberinnen, die davon ausgingen, dass ihr männlicher Interviewer traditionelle Geschlechterrollenvorstellungen habe, zeigten eher ›klassisch weibliches‹ Verhalten (spielten beispielsweise ihre Ambitionen herunter, trugen mehr Schmuck und Make-up) als jene, die davon ausgingen, er habe moderne Ansichten. In einem anderen Experiment beschrieben sich Frauen in stereotyp weiblicher Art, wenn sie annahmen, dass ihre Selbstbeschreibungen von einem für sie attraktiven Mann gelesen werden. Diese Selbststereotypisierung war schwächer ausgeprägt, wenn sie annahmen, es handele sich um einen unattraktiven Mann (Zanna/Pack 1975). Stacey Sinclair, Jeffrey Huntsinger, Jeanine Skorinko und Curtis Hardin (2005) zeigten, dass Menschen, die motiviert sind, mit anderen gut zurechtzukommen, sich in diesem Moment selbst stärker geschlechtsstereotyp einschätzen als ohne ein solches Motiv.

All diese sozialpsychologischen Mechanismen stabilisieren Hierarchieverhältnisse und stereotype Vorstellungen. Aus queer-feministischer Perspektive kann man hoffen, dass mithilfe des Wissens um diese Mechanismen gezielt Strategien entwickelt werden können, um sie zu destabilisieren. Gleichzeitig kann psychologische Forschung gezielt Prozesse der Destabilisierung untersuchen: Es ist beispielweise interessant, ob, wenn Personen davon ausgehen, nicht individuell wahrgenommen zu werden, sie sich auch weniger geschlechsstereotyp verhalten. Alice Eagly, Wendy Wood und Lisa Fishbaugh (1981) zeigten zumindest, dass ihre männlichen Versuchspersonen ein spezifisch stereotypes Verhalten eher zeigten, wenn sie sich beobachtet fühlten (vgl. auch Kidder et al. 1977).

Konstruktion von Geschlecht

Meist wird in der sozialpsychologischen Kognitionsforschung die natürliche Existenz einer binären Geschlechtskategorie nicht bezweifelt. In einzelnen Arbeiten werden jedoch auch Kenntnisse über kognitive Prozesse herangezogen, um den Konstruktionscharakter der Geschlechterkategorie nachzuweisen. Dabei stellt die Arbeit von Suzanne Kessler und Wendy McKenna (1978) eine Synthese aus sozialpsychologisch und soziologisch erforschten Phänomenen her. Sie gehen den für die meisten Menschen selbstverständlichen Annahmen über Geschlecht und den alltäglichen Interaktionen auf den Grund, die Geschlecht binär darstellen. Sie zeigen, dass die Geschlechterbinarität nicht ›einfach gegeben‹ ist, sondern erst in Interaktionen hergestellt wird. In ähnlicher Weise tragen Jeanne Marecek, Mary Crawford und Danielle Popp (2004) die Befunde über soziale Kognitionsmechanismen zusammen, die für die Konstruiertheit des Geschlechtes sprechen. Dabei schlagen sie unter anderem vor, Geschlecht als eine Sammlung der Eigenschaften zu verstehen, die soziokulturellen Erwartungen entsprechen. Auch Candace West und Don Zimmermann (1987) argumentieren, dass Geschlecht sozial dargestellt wird und etwas ist, was wir *tun*, und nicht etwas, das wir *haben*. Gerade weil die zur Geschlechtszuweisung herangezogenen Genitalien in sozialen Interaktionen meistens unsichbar bleiben, muss Geschlecht immer wieder neu sozial dargestellt werden. Umgekehrt sind die allermeisten Verhaltens- und Darstellungsweisen geschlechtlich konnotiert, sodass West und Zimmermann zu dem Schluss kommen, dass wir uns nicht verhalten können, ohne gleichzeitig Geschlecht in konstruktiver Weise herzustellen.

6.2 Kritische Einschätzung

Die vorgestellten Teilgebiete und Studien der sozialpsychologischen Kognitionsforschung zeigen sehr deutlich die zugrunde liegende Logik: Empirische Forschung, die sowohl im *Mainstream* der Psychologie als auch (in vereinfachter Form) in Politik und Öffentlichkeit anerkannt ist, soll die Diskriminierung von Frauen nachweisen. Idealerweise legen diese Forschungsergebnisse Vorschläge zur Veränderung von hierarchischen Verhältnissen nahe. Forschung, die als objektiv gilt, soll für politische Ziele eingesetzt werden. Unger (1998, S. 28) formuliert das ganz deutlich: »These results [...] represented my first (but, certainly not my last) attempt to use the formal procedures of experimental psychology to make a socially activist argument.« Vielfach hat diese Hoffnung Früchte getragen, nicht nur im eingangs beschriebenen Fallbeispiel von Susan Fiske. Beispielsweise lässt sich eine politische Frauenquote durch quantitative Forschungsergebnisse rechtfertigen. Frauen werden, wie unter 6.2 beschrieben, nicht gleichberechtigt zu Männern wahrgenommen, eingeschätzt und beurteilt. Auch wenn dies zum Teil unabsichtlich und unbewusst geschieht, erleben Frauen durch viele der oben beschriebenen Prozesse Nachteile, beispielsweise in ihrer beruflichen Entwicklung. Unter der Annahme, dass Frauen prinzipiell gleichermaßen kompetent wie Männer sind, jedoch durch Stereotype und dergleichen benachteiligt werden, stellt die Frauenquote keine Bevorzugung von Frauen dar, sondern bügelt Ungleichbehandlung aus. Gerade durch die breite Anerkennung des quantitativen Paradigmas haben Ergebnisse, die auf dieser Art von Laborforschung beruhen, oft besondere politische Durchschlagskraft. Dies ist eine mögliche und durchaus mächtige Strategie, um queer-feministische Interessen zu verteidigen. Der Konstruktionscharakter vieler als selbstverständlich erachteter Phänomene kann experimentell nachgewiesen werden.

Allerdings – und hier setzt unsere Kritik an diesen Arbeiten an – fehlt die Selbstanwendungsperspektive in der sozialpsychologischen Kognitionsforschung. Sie setzt auf die Objektivität ihrer Forschung, um nachzuweisen, dass der Mensch sich seine Realität ständig konstruiert. Sich selbst hält diese Forschungstradition aber für nahezu neutral. Durch die Korrektur von Schwächen und Fehlern und durch noch bessere experimentelle Settings hofft man, der zu entdeckenden Wahrheit immer ein Stückchen näher zu kommen. Sehr anschaulich beschreibt dieses Vorgehen Kenneth Gergen (1996), der seine als junger Wissenschaftler gehegten Hoffnungen schildert, von denen er sich dann mit der Hinwendung zum sozialen Konstruktionismus (siehe Kapitel 7) distanzierte:

> »As a trained scientist, I could establish experimental settings in which precise causal linkages could be traced – the effects of various stimulus conditions (as they are called) on the psychological process of individual subjects and the effects of these psychological processes on subjects' behavior toward each other. Observations of these causal sequences could also be evaluated statistically so as to ensure their broad generality. I could then make these findings available to my colleagues for further study, and as weaknesses and limitations were discovered in this work, further research would be invited. Over time, aided by my participation, the field would generate highly sophisticated and well-tested theoretical accounts (principles and explanations) of broad generality. These accounts would not be biased by any particular ideology, political position, or ethical commitment. In effect, these accounts could be made available to all people, so that policy makers, organizational decision makers, community leaders – indeed, any private citizen – could benefit in their attempts to improve the human condition. These various beliefs were scarcely my own; indeed they are major suppositions within what is generally called empirical or experimental social psychology« (K. Gergen 1996, S. 113f.).

Auf der einen Seite werden die Kognitionen der Versuchspersonen zwar als soziale Konstruktionen verstanden, auf der anderen Seite wird das eigene wissenschaftliche Wissen und Denken hiervon ausgenommen. Letzteres konstruiere keine Wirklichkeit, sondern bilde diese – idealerweise – ab. Aus diesem Grund halten wir es zwar für gerechtfertigt, von einem »Geschlechterkonstruktionismus« in der sozialpsychologischen Kognitionsforschung zu sprechen, grenzen diesen jedoch vom Sozialkonstruktionismus ab, der im folgenden Kapitel vorgestellt wird.

Die beschriebene neopositivistische Forschungslogik ist

nicht ohne Weiteres mit queer-feministischer Kritik kombinierbar. Viele feministische Theorien stellen die These auf, dass Wissen nicht neutral und ungefärbt von vorab bestehenden Annahmen und damit auch kein objektives Abbild der Wirklichkeit sein kann. Es mag zwar sein, dass Feminist_innen mit feministischer Motivation quantitativ forschen, wie Unger es beschreibt (1998, S. 25):

> »I saw this research as a form of political action. I wanted to use the methodology of psychology to demonstrate both that prejudice and discrimination against women existed and that these attitudes and behaviors had no basis in fact. I still had faith that ›good science‹ could find the ›truths‹ that would free us all.«

Jedoch erkennt sie den mit ihrer Hoffnung verbundenen ›double bind‹ explizit an: »I order to do this kind of research we must, in some sense, ›sell out‹ to methodologies that we criticize in other contexts« (ebd., S. 42).

Wer diesen »double bind« im Kopf behält, kann aber aus unserer Sicht durchaus das queer-feministische Potenzial der sozialpsychologischen Kognitionsforschung nutzen: Sie versteht Kognitionen als extrem kontextabhängig, flexibel, wandelbar, kurzum als konstruiert. Außerdem können queer-feministische politische Motivationen mit dieser Art von Forschung verknüpft werden, indem Mechanismen der Stabilisierung und Destabilisierung von Herrschaft gezielt untersucht werden. Allerdings muss klar sein, welchem eindeutig nicht feministischen oder queeren Wissenschaftsverständnis dabei gefolgt wird. In Anlehnung an Allan Buss' Unterscheidung (1978) der beiden Sichtweisen »reality contructs the person« und »person constructs reality« möchten wir das Verständnis der sozialpsychologischen Kognitionsforschung als solches beschreiben: »[R]eality constructs the person who constructs reality.« Queer-feministisch in unserem Sinne wäre dieser Ansatz, wenn er die Person wieder an den Satzanfang seines Weltverständnisses stellen (und entsprechende Konsequenzen daraus ziehen) würde. Ansätze, die dies vollziehen, aber dann auch konsequenterweise die neopositivistische Forschungslogik verlassen, werden in Kapitel 7 vorgestellt.

7 Diskursanalytische, sozialkonstruktionistische und dekonstruktivistische Ansätze

Diskursanalytische Ansätze teilen mit der im vorangegangenen Kapitel vorgestellten sozialpsychologischen Kognitionsforschung die Annahme, dass menschliches Denken Wirklichkeit nicht nur abbildet, sondern auch kognitiv konstruiert. Diese kognitiven Konstruktionen der Welt seien in entscheidender Weise durch soziale Faktoren beeinflusst. Auch die Wahrnehmung von und das Nachdenken über Geschlecht seien abhängig vom sozialen und kulturellen Kontext. Dieser soziale und konstruierende Charakter von Kognitionen ist der gemeinsame Nenner diskursanalytischer und sozialpsychologischer Arbeiten – und wird durch zahlreiche Divergenzen begleitet. Diese erscheinen als besonders gravierend, weil beide Ansätze in ganz unterschiedlichen Theorietraditionen und wissenschaftlichen Disziplinen zu Hause sind. Der sozialpsychologische Konstruktionismus baut auf den Methoden und Theorien der *Mainstream*-Sozialpsychologie auf, woraus eine primäre Verwendung experimenteller Methoden und quantitativer Auswertungsverfahren, ein neopositivistisches Wissenschaftsverständnis und ein mikroskopischer Blick auf kognitive Mechanismen resultieren. Im Gegensatz dazu ist die Diskursanalyse in den Sozial- und Kulturwissenschaften entstanden und weist dementsprechend eine stark sozialtheoretische Orientierung, eine Hinwendung zu Textmaterialien als empirische Basis, eine Verwendung interpretativer, qualitativer Auswertungsverfahren (siehe für eine Übertragung auf die feministische Psychologie: M. Gergen 2008) und ein stärker soziologisches Interesse an Mechanismus der Herstellung von Wirklichkeit auf. Diskursanalytische Ansätze sind in der Regel explizit machtkritisch und an der Veränderung der bestehenden Diskurse – ihrer Dekonstruktion – interessiert (Zielke 2004, 2007).

Als wichtige theoretische Vorläufer_innen und Vertreter_innen sozialkonstruktivistischer, sozialkonstruktionistischer und/oder diskursanalytischer Ansätze in den Geistes-, Kultur- und Sozialwissenschaften sind unter anderem zu nennen: Georg Wilhelm Friedrich Hegel, Friedrich Nietzsche, Ludwig Wittgenstein, Theoretiker_innen des amerikanischen Pragmatismus (vor allem George Herbert Mead), Vertreter_innen des symbolischen Interaktionsimus und der Ethnomethodologie (u.a. Herbert Blumer, Harold Garfinkel, Suzanne Kessler und Wendy McKenna), die phänomenologische Soziologie eines Peter Berger und Thomas Luckmann, sodann Arbeiten von Michel Foucault oder Judith Butler. Diese Liste ist bei weitem nicht erschöpfend, sie soll hier nur einen Eindruck von der theoretischen Verfasstheit und Interdisziplinarität sozialkonstruktionistischer und diskursanalytischer Ansätze vermitteln – aber auch nicht verhehlen, dass in diesem Feld mitunter ein gewisser Eklektizismus waltet, der einen eher instrumentellen Gebrauch von ›Referenztheorien‹ und wegbereitenden Denker_innen macht. Es sei zusätzlich darauf hingewiesen, dass sich vergleichbar ausgerichtete Strömungen in der Psychologie selbst entwickelt haben. Hier ist vor allem der Sozialkonstruktionismus von Kenneth und Mary Gergen zu nennen (die ihren Ansatz auch begrifflich ausdrücklich von ›traditionellen‹ konstruktivistischen Ansätzen in der Psychologie abheben; vgl. K. Gergen 2002; Gergen/Gergen 2009; Zielke 2004, 2007), den der Begründer auch als Gegenentwurf zur *Mainstream*-Sozialpsychologie entwickelt hat (siehe für seine Kritik an der Sozialpsychologie: K. Gergen 1973). Des Weiteren weisen Ansätze einer *discursive psychology* (Deppermann 2010; Potter/Wetherell 1987; Potter/Edwards 2001), *critical psychology* (Fox et al. 2009; Parker/Shotter 1990) und interpretativen Handlungs- und Kulturpsychologie (Straub 1999; Boesch/Straub 2006; Straub/Chakkarath 2010) viele theoretische Verwandtschaften auf.

In diesem Kapitel werden diskursanalytische und sozialkonstruktionistische Ansätzen im Allgemeinen und in der feministischen Psychologie vorgestellt. Die Begriffe »Sozialkonstruktionismus« und »Diskursanalyse« haben aber *erstens* jeweils vielfältige und zum Teil stark voneinander abweichende Bedeutungen, bezeichnen *zweitens* umfangreiche Theorie- und Forschungsprogramme und sind *drittens* jeweils wieder in unterschiedliche Traditionen untergliedert. Eine differenzierte Darstellung dieser Ansätze würde diese Einführung bei weitem überfordern. Für eine Einführung in den Sozialkonstruktionismus sei noch einmal auf den Band *Sozialer Konstruktionismus* von Barbara Zielke (2007) verwiesen. Zur Diskursanalyse existieren zahlreiche Einführungen, hier sei vor allem *Der Diskurs* von Sara Mills (2007) empfohlen. Im Folgenden wird die Schnittstellen zwischen Sozialkonstruktionismus, Diskursanalyse und feministischer Psychologie näher beleuchtet. Dabei beziehen wir uns primär auf die Monografie von Mary Gergen (2001) *Feminist Reconstructions in Psychology. Narrative, Gender, and Performance* und den Sammelband *Feminism and Discourse. Psychological Perspectives*, herausgegeben von Wilkinson und Kitzinger (1995). Beginnen möchten wir mit einer kurzen (und notwendigerweise lückenhaften) Zusammenfassung diskursanalytischer und sozialkonstruktionistischer Gedanken.

7.1 Diskursanalyse und Sozialkonstruktionismus

Die Hinwendung zur Sprache stellt ein entscheidendes Merkmal diskursanalytischer und sozialkonstruktionistischer Ansätze dar. Sprache wird als kulturell und sozial spezifisches Bezeichnungssystem verstanden, das menschliches Denken in der sozialen Realität verwurzelt und so kontextualisiert. Sprache bildet die Realität nicht einfach in korrespondierender

Weise ab. Vielmehr wird durch Sprache, wie sie dem Menschen als *animal symbolicum* gegeben ist, Realität überhaupt erst hergestellt. Diese Herstellung von Realität durch Sprache umfasst sowohl Veränderungen des menschlichen Wahrnehmens und Denkens, als auch Modifikationen von Materialitäten. Menschen handeln in Abhängigkeit von ihrer Sprache und sind so an der Schaffung einer (auch) durch Sprache geformten Welt beteiligt. Die realitätsformende Fähigkeit von Sprache wird als ihre Performativität bezeichnet. Entscheidend dafür sind die Kategorien des Denkens, zum Beispiel die dichotomen Unterscheidungen von Ausländer_innen und Einheimischen, Männern und Frauen oder Arbeitslosen und Arbeitenden.

Das Konzept »Sprache« überlappt sich mit dem Wort »Diskurs«, allerdings mit folgenden Bedeutungsverschiebungen: Der Diskurs umfasst neben Sprache andere sogenannte diskursive und symbolisch vermittelte Praktiken, die vielfältig sind und zu denen auch leibliches Verhalten und Körperbewegungen, Redeweisen, rechtliche Bestimmungen und vieles mehr gehören können. Stärker als der Begriff »Sprache« weist der Begriff »Diskurs« auf seine Mehrstimmigkeit und dialogische Struktur hin. An der Entstehung von Diskursen sind soziokulturelle Gemeinschaften beteiligt, keine einzelne Person kann ›einfach so‹ einen neuen Diskurs, eine neue Sprache erschaffen oder sich in einen Raum jenseits des Diskurses begeben.

Da der Sprache und Diskursen eine realitätsformende Macht zukommt, sind sie immer auch politisch bedeutsam und wirksam. Kritiker_innen weisen auf die Schattenseiten und Ausschlüsse hin, die von herrschenden Diskursen produziert werden, und fordern meist eine Veränderung der Diskurse – und *damit* auch eine Veränderung der Realitäten. Gleichzeitig sind sich die Kritiker_innen aber darüber im Klaren, dass ein radikaler Ausstieg aus dem Diskurs nicht möglich ist. Es geht daher vielmehr um eine Verschiebung, um eine Dekonstruktion (7.6) der Diskurse.

Die Wissenschaften sind an der Herstellung sprachlicher Kategorien und Diskurse maßgeblich beteiligt. Gerade weil sie (zumindest in westlichen Kulturen des 21. Jahrhunderts) die

Autorität haben, Wahrheiten zu ›entdecken‹, nehmen sie eine mächtige, diskursformende Position ein. Die Verwobenheit von wissenschaftlichen Befunden mit Diskursen wird von diskursanalytischen Wissenschaftler_innen häufig unter die Lupe genommen – ein Unternehmen, das notwendigerweise selbstreflexiv ist. In sozialkonstruktionistischer Manier wird das eigene Wissen nicht als Abbild, sondern als historisch, kulturell und sozial spezifische Konstruktion von Wirklichkeit verstanden. Dieses Wissen ist immer partiell und an die Perspektive der eigenen Person und der Gruppe, der diese Person durch ihre Sozialisation und Enkulturation zugehört, gebunden. Es ist des Weiteren mit entsprechenden Materialisierungen der in Gang gesetzten Diskurse zu rechnen, und dies sollte bedacht werden. Wer Wissen produziert, ist auch für die hergestellten Realitäten ›verantwortlich‹.

In den meisten Fällen liegt der performative, realitätskonstruierende Charakter von Sprache und Diskursen nicht offen vor einem. Diskurse sind als Wahrheit getarnt. Fast niemand kritisiert, dass Frauen und Männer sehr unterschiedlich seien, weil dies so behauptet wurde. Frauen und Männer seien eben ›in Wirklichkeit‹ anders, different. Weil niemand aus der Sprache oder den Diskursen einfach ›aussteigen‹ kann, ist es auch tatsächlich schwierig, einen Standpunkt einzunehmen, von dem aus der diskursiv hergestellte Charakter der Wirklichkeit beobachtbar wäre. Es gibt hier keinen neutralen Standpunkt, keine objektive Perspektive, keine »Sicht von nirgendwo her«. Dies leitet über zu den empirischen Methoden, die von sozialkonstruktionistischen und diskursanalytischen Wissenschaftler_innen verwendet werden (siehe die Beiträge in Mey/Mruck 2010, vor allem Allolio-Näcke 2010; Deppermann 2010; Winter 2010). Viele Forschungsarbeiten umgehen diese Schwierigkeit, indem sie primär deskriptiv bestimmte Diskurse beschreiben, aber nicht zeigen wollen, wie durch den Diskurs bestimmte Veränderungen erzeugt werden. Eine andere Forschungsstrategie besteht in der Beobachtung von Dialogen und einer Analyse der Prozesse, mit denen Menschen Bedeutungen aushandeln, annehmen oder verändern (Deppermann 2010). In diesem Kapitel wird unter 7.5 eine diskursanalytische Methode im Zusammenhang mit dem dargestellten Forschungsbeispiel vorgestellt.

7.2 Anwendungen in der feministischen Psychologie

Von sozialkonstruktionistischen und feministischen Ansätzen wird Geschlecht als sozial konstruierte Kategorie verstanden. Abgelehnt werden Vorstellungen, nach denen es sich bei geschlechtsbezogenen Merkmalen um angeborene, festgelegte Wesensmerkmale von Menschen handelt. Auch die biologischen Anteile der Geschlechtlichkeit werden von vielen Vertreter_innen als Materialisierungen des Diskurses (siehe vor allem Butler 1991, 1993) und/oder als soziale Konstruktionen konzeptualisiert. Für die Psychologie bedeutet dies zweierlei: *erstens*, dass auch sie Diskurse herstellt oder beeinflusst und daher psychologisches Wissen Gegenstand diskursanalytischer Untersuchungen werden kann. Es ist dieser aktiv-konstruierende Charakter psychologischen Wissens, der insbesondere zum verantwortlichen, selbstreflexiven oder selbstreferenziellen Umgang mit Wissen aufruft – gemessen an feministischen Kriterien. *Zweitens* bedeutet der Sozialkonstruktionismus für die Psychologie, dass auch psychologisch relevante Faktoren und psychische Phänomene als soziale Konstruktionen zu verstehen sind – und nicht als gegebene Phänomene in einer Welt ›da draußen‹, einer Welt, die unabhängig von diskursiven Praktiken gedacht und erforscht werden könnte. Ein Beispiel für eine queer-feministische und diskursanalytische Herangehensweise an das Thema Geschlechtsidentität bietet Katherine Johnson (2001). Sie führt aus (ebd., S. 153), dass die (Geschlechts-)Identität nicht anders als sozial konstruiert angesehen werden kann, weil die Bedeutungen, die Identität konstituieren, erst durch Sprache, sprachlich-diskursive Praktiken hergestellt, herausgefordert und verändert werden. Für die Analyse dieser Prozesse ist die Diskursanalyse dann folgerichtig das angemessene methodische Werkzeug.

7.3 Forschungsthemen einer sozialkonstruktionistischen, diskursanalytischen Psychologie

Die Themen, mit denen sich feministische, diskursanalytische Psycholog_innen beschäftigen, sind meist ›klassische‹ feministische oder ›frauenspezifische‹ Fragen. So sind in dem Sammelband von Wilkinson und Kitzinger (1995) Aufsätze zu den folgenden Gegenständen enthalten:

- Menstruation,
- sexuelle Belästigung,
- *Anorexia nervosa*,
- Kindheit,
- heterosexuelles Begehren von Frauen,
- Identität.

Diese Themen werden mit einem diskursanalytischen Fokus betrachtet. So untersucht Kathryn Lovering (1995) die Gespräche von jugendlichen Gruppen (Jungen und Mädchen) über das Einsetzen der Pubertät und der Menstruation. Kitzinger und Alison Thomas (1995) analysieren, wie sexuelle Belästigungen diskursiv hergestellt werden und welche Erfahrungen durch diesen Diskurs unter der Bezeichnung »sexuelle Belästigung« subsumiert und welche hiervon ausgeschlossen werden. Erica Burman (1995) untersucht, welche kulturellen Repräsentationen der Kindheit das Kind als männlich oder als weiblich darstellen. Julie Hepworth und Christine Griffin (1995) nehmen die Entdeckung der *Anorexia nervosa* am Ende des 19. Jahrhunderts unter die Lupe und vergleichen diesen Diskurs mit feministischen Arbeiten zum gleichen Phänomen. Wendy Hollway (1995) analysiert explizit feministische Diskurse über heterosexuelles Begehren. Sue Widdicombe (1995) diskutiert die Brauchbarkeit verschiedener diskursanalytischer Ansätze zur Konzeptualisierung von Identität.

Besonders deutlich wird in diesen Arbeiten der selbstreflexive Zugang. Dies betrifft zum einen die Psychologie.

Geschlechtsbezogene Aspekte in psychologischen Theorien werden herausgestellt, so hier in Bezug auf die Kindheit und die *Anorexia nervosa*. Zum anderen betrifft dies andere feministische Arbeiten. Es wird reflektiert, welche diskursiven Wirkungen von feministischen Diskursen über Heterosexualität, sexuelle Belästigung und *Anorexia nervosa* ausgehen. Damit geht auch eine Selbstkritik einher, denn nicht immer sind die Effekte feministischer Diskurse auch aus feministischer Sicht positiv zu bewerten.

Mary Gergen (2001) beschäftigt sich in ihrem Buch *Feminist reconstructions in psychology* mit den folgenden Themen:

- geschlechtsspezifischen Erzählweisen,
- der Herstellung geschlechtlicher Körper,
- der Menopause,
- Imaginationen von Beziehungen,
- dem Blick.

7.4 Mary Gergen über die Menopause – Ein Beispiel

Mary Gergens Kapitel zur Menopause (in M. Gergen 2001) soll hier genauer dargestellt werden, da hieran nicht nur der diskursanalytische Zugang im Allgemeinen gut verdeutlicht, sondern auch Gergens eigene, als innovativ zu bezeichnende Arbeitsweise veranschaulicht werden kann. Mary Gergen beschreibt eine Untersuchung, die sie mit Frauen kurz vor oder während der Menopause durchgeführt hat. Sie interessiert sich dafür, wie diese Frauen dem Phänomen Menopause im Gespräch Bedeutungen und Bewertungen zuweisen. Hierzu initiert die Forscherin einen Gesprächskreis mit acht Frauen, die sich über das Thema unterhalten. Das Gespräch wird aufgezeichnet, transkribiert und ausgewertet. Zusätzlich hat Gergen ein feministisches Interesse an dem Thema. Sie kritisiert den dominanten Diskurs über die Menopause, der diese als medizinisches Problem darstellt, unter dem Frauen und ihre Angehörigen leiden und das für Frauen das Ende ihrer Weiblichkeit bedeutet. Gergen nimmt selbst am Gesprächskreis teil und versucht durch ihre Beiträge eine andere, positivere Sichtweise auf die Menopause zu implementieren. Die Interpretation des Gesprächs führt Gergen unter drei verschiedenen Gesichtspunkten durch: einer psychologischen, einer performativen und einer generativen Perspektive. Aus psychologischer Sicht analysiert sie die Wortbeiträge hinsichtlich ihres darin zum Ausdruck kommenden psychologischen und psychodynamischen Gehalts (welche Gedanken, Gefühle oder Motivationen werden zum Ausdruck gebracht?). Aus performativer Perspektive betrachtet sie, welche Realitäten durch die Aussagen der Mitglieder sozial konstruiert werden (als was für ein Phänomen tritt die Menopause in Erscheinung?). Zuletzt untersucht sie aus generativer Perspektive, wie es im gemeinsamen Dialog möglich wird, etwas Neues, neue Bedeutungen zu erzeugen. Mary Gergen ist hier vor allem daran interessiert, inwieweit ihre feministische, in der Forschungspraxis implementierte Intervention aufgegriffen wird und den Diskurs verändert. Es ist leicht zu sehen, wie Gergen hier Wissenschaft betreibt, die den Standpunkt einer neutralen Beobachterin aufgibt, ohne das Interesse an Erkenntnissen fallen zu lassen.[10]

Mary Gergen beschreibt hier nicht in konventioneller Weise ihr Forschungsprojekt, sondern wählt eine zum diskursanalytischen Ansatz passende Darstellungsweise. Das hier selektiv referierte Kapitel selbst ist als Dialog zwischen Gergen und einem fiktiven ›Anderen‹ verfasst. Auf diese Weise setzt die Forscherin den Leitgedanken des Sozialkonstruktionismus – Wirklichkeit wird in Dialogen mit anderen diskursiv hergestellt – praktisch um. So bleiben den Leser_innen der konstruierende Charakter wissenschaftli-

10 Diese Forschungsstrategie ist auch in anderen Feldern der Psychologie entwickelt und begründet worden, von Kurt Lewins »action research« (1948) bis hin zu Norbert Groeben und Brigitte Scheeles Forschungsprogramm »Subjektive Theorien« (Groeben/Scheele 1982; Groeben et al. 1988), um nur zwei Beispiele zu nennen. Hier wie dort geht es um die Zusammenführung von Forschungs- und Anwendungszusammenhang, von Einsicht in psychische Grundlagen und die Veränderung der Praxis.

cher Erkenntnisse und letztlich die Personengebundenheit jeder Aussage stets im Gedächtnis. Mary Gergen führt einen Dialog über einen Dialog und führt in diesem Prozess auf transparente Weise zahlreiche Interpretationslinien ein – oder wie dies vom diskursiv eingeführten ›Anderen‹ beschrieben wird:

> »You and I are quite the jugglers here, with many balls in the air: the conversation between us; the conversation of the participants; the interpretations you make of the dialogues; and finally, the ongoing conversations of readers and this text. Let's hope no one drops the ball before this is over« (M. Gergen 2001, S. 94).

Da wir der Meinung sind, dass keiner der Bälle zu Boden gefallen ist, können wir die Lektüre nur empfehlen – und an dem von Mary Gergen und ihren Forschungspartnerinnen eröffneten, durchaus ›ernsten‹ Spiel teilzunehmen.

7.5 Dekonstruktion als Kritik

Immer wieder ist in diesem Kapitel angeklungen, dass Diskurse sich nicht abschaffen lassen, dass sie nicht als falsch oder widerlegt ad acta gelegt werden können und dass niemand sich in einem Raum jenseits der etablierten Diskurse bewegen kann. Und trotzdem soll aus feministischer Sicht an bzw. in bestimmten – unter anderem psychologischen – Diskursen über Geschlechtlichkeit Kritik geübt und Veränderungen herbeigeführt werden. Mit Bezug auf die Philosophie Derridas wird eine Möglichkeit von Kritik in der Dekonstruktion von Diskursen gesehen. Eine gute Einführung in diese kritische Strategie gibt der Text »Beschreiben/Zersetzen: Dekonstruktion als Institutionskritik« (Saar 2007), auf den auch wir uns hier primär beziehen.

Im Zentrum von Derridas Sprach- und Bedeutungstheorie steht der Gedanke, dass in begriffliche Unterscheidungen immer Macht und Asymmetrien eingeschrieben sind. Um den

Sinn eines Zeichens zu etablieren und zu stabilisieren wird ein begrifflicher Gegensatz, meist in Form einer Dualität, gebildet. Beiden Teilen des Gegensatzes wird durch diese Fixierung aber Gewalt angetan, sie werden in ihrer Kontingenz und Offenheit eingeschränkt und auf eine bestimmte, sprachlich fixierte Bedeutung festgelegt. Dies gilt umso mehr, wenn Gegensätze in Form von Hierarchien gebildet werden. Diese Hierarchien finden sich nach Derrida vor allem in den metaphysischen Konzepten der Philosophie (z.B. wahr/falsch oder Natur/Kultur). Greift man den diskursanalytischen und sozialkonstruktionistischen Gedanken des performativen Charakters von Sprache und Diskurs auf, so ist von sozialen, praktischen Folgen der begrifflichen Gegensätze auszugehen. Sprachliche Hierarchien gehen mit sozialen Hierarchien einher.

Nach Derrida sind die durch begriffliche Gegensätze erzeugten Sinnstrukturen nur kurzfristig stabil. Immer wieder droht die Kontingenz die willkürliche Konventionalität der sprachlichen Bedeutungen aufzubrechen. Aus diesem Grund müssen Bedeutungen, die praktisch dominant sein sollen, immer wieder ausgesprochen und ihre Stabilisierungen wiederholt werden. Diese Wiederholungen konzeptualisiert Derrida als »Zitate«. Doch der Versuch, durch Zitieren eine immer gleiche Bedeutung fortzutragen, scheitert ebenfalls, und zwar notwendigerweise. Die Überführung des Zitats in einen anderen Kontext führt immer zu einer Bedeutungsverschiebung. Sinnstabilisierung erscheint somit als Sisyphusarbeit; die Wiederholung ist notwendig zur Stabilisierung, gefährdet diese aber gleichzeitig durch die Übertragung des Sinns in andere Kontexte und Zeiten – wodurch Veränderungen des Sinns unumgänglich werden.

Die Notwendigkeit der Wiederholung, des Immer-wieder-Aussprechens macht die Sinnstabilisierung abhängig von sozialen Praktiken und Institutionen. Nur wenn Menschen Bedeutungen verwenden, können diese zumindest annähernd bestehen bleiben. Der Begriff der »Institution«

wird hier offenkundig sehr breit verwendet und umfasst beispielsweise Institutionen des Rechts, der Wissenschaft, der Medien. Auch der Feminismus, die Psychologie und die feministische Psychologie können als Institutionen betrachtet werden. In Analogie zur Fixierung sprachlicher Gegensätze konstituieren sich nach Derrida auch Institutionen durch Ein- und Ausschlüsse, insbesondere in Form des Gegensatzes von Identität und Differenz. Doch auch diese Grenzziehung bleibt nicht stabil, nachdem sie etabliert wurde. Sie unterliegt dem gleichen Wiederholungszwang wie Sinn und Bedeutung und damit den gleichen Verschiebungen der Grenzen.

Dekonstruktion als kritische Strategie basiert auf diesen Eigenschaften der hierarchischen Sinnstabilisierung durch Institutionen und kann in drei unterscheidbare Strategien unterteilt werden. *Erstens* werden die behaupteten Gegensätze in dekonstruktivistischer Perspektive als kontingent dargestellt und damit denaturalisiert. Indem an konkreten Gegensatzpaaren deutlich gemacht wird, dass sie weder von Gott gegeben noch der Natur entsprungen sind, sondern von sprachlichen Praktiken hervorgebracht und stabilisiert werden, verlieren sie einen Teil ihrer Macht. Martin Saar (2007, S. 175) schreibt: »Wenn sich eine solche Konstellation [hierarchischer Gegensatz] auffinden lässt, ist schon eine Beschreibung dieser Struktur eine kritische Intervention, denn die vermeintliche ›Unabhängigkeit‹ und Gleichgeordnetheit der beiden Begriffspole untereinander kann als scheinhaft zurückgewiesen werden.« *Zweitens* wird auf die sozialen Folgen sprachlicher Unterscheidungen aufmerksam gemacht und somit eine ethische Grundlage für die Kritik an ihnen geschaffen. *Drittens* wird auf die Verschiebungen und Brüchigkeiten der kategorialen Unterscheidungen hingewiesen und hingearbeitet. So werden zum Beispiel empirische Fälle dargestellt, die gerade das Scheitern der Unterscheidungen zum Vorschein bringen (zum Beispiel Intersexualität, Trans, von Frauen gelebte Männlichkeit; vgl. Halberstam 2005). Mit allen drei Strategien zerstört

> »die Dekonstruktion einer begrifflichen Opposition [...] diese nicht als einen ›falschen‹ Gegensatz, dem sich ein richtigeres Verhältnis entgegensetzen ließe, sondern sie erkennt die Gewaltförmigkeit in der spezifischen, kontingenten Form des Gegensatzes, den man – unter bestimmten Umständen – nicht einfach nicht treffen, einfach aussetzen kann, den man aber nicht so treffen muss, wie es bisher in seiner durchgesetzten Form geschieht. Dieses Aufschließen einer scheinbar fixierten Beziehung ist eine Eröffnung von neuen Möglichkeiten des Sprechens und Handelns« (Saar 2007, S. 175).

An anderer Stelle bezeichnet Saar die Dekonstruktion als doppelte Geste:

> »Jenseits der Alternative zwischen negierender Neutralisierung und interner Affirmation liegt die dekonstruktive ›doppelte Geste‹, die einerseits im Innern eines gegebenen Begriffsfeldes bleibt, aber andererseits aus ihrem Innern heraus etwas in Bewegung setzt, was aus ihm hinaus treibt und einen ›Abstand‹ erzeugt und sichtbar werden lässt, der nicht mehr mit den gegebenen Begriffen zu fassen ist« (ebd., S. 168).

Im Bereich der feministischen Wissenschaft und Politik ist die Dekonstruktion eine produktive und populäre kritische Strategie. Dabei gilt es, die Geschlechterkategorie als dichotome und hierarchische Unterscheidung von Männern und Frauen zu dekonstruieren. Feministische Theoretiker_innen greifen sowohl feministische als auch antifeministische Institutionen an, die diese Unterscheidung fortschreiben. Sie zeigen, dass diese Differenzierung immer Hierarchien zwischen Männern und Frauen hervorbringt und Ausschlüsse erzeugt (z. B. von Frauen, die nicht westlich, heterosexuell, weiß und gebildet sind). Besonders wichtig für die feministische Theorie ist Butlers Dekonstruktion von Zweigeschlechtlichkeit und Heterosexualität geworden (Butler 1990, 1993). Die im folgenden Kapitel vorgestellten queeren Ansätze verstehen sich in der Regel als dekonstruktionistisch orientiert. Übrigens ist auch das in diesem Text verwendete ›gap concept‹, also die Verwendung von Unterstrichen bei geschlechtlichen

Substantiven (z.B. Leser_in), aus der dekonstruktivistischen Kritiktradition entstanden. Die Lücke weist auf die Kontingenz und Unabgeschlossenheit von Geschlechtlichkeit hin und fordert die binäre, sprachliche Bezeichnung von männlich und weiblich heraus.

7.6 Dekonstruktion und queer-feministische Psychologien

Dekonstruktion kann zur Kritik sowohl an der *Mainstream*-Psychologie (Parker/Shotter 1990) als auch an feministischen Psychologien eingesetzt werden. Eine explizit dekonstruktivistische und feministische Strategie wird zum Beispiel von M. Gergen (2001) und Burman (1998) verfolgt. M. Gergen stellt die Dekonstruktion als notwendigen ersten Schritt dar, dem die Rekonstruktion folgen sollte. Sie schlägt vor, dass traditionelles psychologisches Wissen zunächst destabilisiert und hinterfragt werden sollte, um dann die Produktion von aus feministischer Perspektive ›besserem‹ Wissen anzuschließen. Burman macht bereits mit dem Titel des von ihr herausgegebenen Buchs – *Deconstructing Feminist Psychology* – deutlich, dass der Schwerpunkt ihrer Kritik auf anderen feministischen Psychologien liegt. Trotzdem finden sich in dem Band auch Beiträge, in denen sich die Autor_innen der *Mainstream*-Psychologie dekonstruktivistisch nähern, so zum Beispiel Heidi Figueroa Sarriera (1998) mit ihrer Kritik an der Rollentheorie oder Mary Crawford (1998), die sich dem Einfluss der akademischen Psychologie auf die ›Populärpsychologie‹ widmet.

Ansatzpunkte für eine dekonstruktivistische und feministische Kritik an der Psychologie gibt es viele. Die zentrale, infrage zu stellende Sinnstruktur bildet die dichotome und hierarchische Geschlechterkategorie. In vielfältiger Weise bildet die Psychologie eine diesen Sinn stabilisierende Institution, zu denken ist etwa an

- die Psychologie als Wissenschaft (z.B. Erforschung von

Geschlechterunterschieden, Geschlecht als Variable in statistischen Auswertungsverfahren),

- Klassifikationssysteme psychischer Erkrankungen, vor allem die Klassifikation der Geschlechtsidentitätsstörung (siehe auch Kap. 8),
- Ideale psychischer Gesundheit wie sie in Psychotherapien (besonders relevant sind hier vermutlich auch Paar- und Familientherapien) zur Anwendung kommen,
- ideale Vorstellungen von Mutter-Kind- und Vater-Kind-Beziehungen, wie sie zum Beispiel in Elternberatungen ihren Ausdruck finden,
- Diagnostische Standardwerte für Frauen und Männer etc.

Doch auch die feministische Psychologie wird als eine die hierarchische Geschlechterkategorie möglicherweise stabilisierende Institution kritisiert. Gerade die Ansätze, die an ihre Kritik an der Geschlechterblindheit und dem Androzentrismus Forschungsarbeiten über ›Frauen‹ anschließen, werden für die essenzialisierende Wirkung dieser Forschung kritisiert (siehe Burman 1998). Auch in dem Buch *Feminism and Discourse* (Wilkinson/Kitzinger 1995) findet sich diese Form der Dekonstruktion, obwohl es nicht als dekonstruktivistisch ausgewiesen ist. Dies betrifft, wie bereits erläutert, die hier eingenommene kritische Perspektive auf die feministischen Diskurse über Themen wie Heterosexualität, sexuelle Belästigung oder *Anorexia nervosa*.

Abschließend sei darauf hingewiesen, dass der Begriff der Dekonstruktion zwar aus der – ausgesprochen anspruchsvollen – Philosophie Derridas stammt, mittlerweile aber unserer Einschätzung nach ein ›selbstständiges Leben‹ als Methode der Sozial- und Kulturwissenschaften (Gehring 2004) auch in feministischen Ansätzen entwickelt hat. Dies gilt vor allem für queere Politiken und Wissenschaften. Die Begriffe »queer« oder »queer-feministisch« weisen eine große Schnittmenge mit den Begriffen »dekonstruktivistisch« oder »dekonstruktivistischer Feminismus« auf. Wer den Begriff »queer« verwendet, meint aber meist mehr als nur eine dekonstruktivistische Perspektive – queer ist auch verbunden mit einer inhaltlichen Verschiebung weg von der Geschlechtlichkeit, hin zur Sexualität. Darauf gehen wir im nächsten Kapitel genauer ein.

8 Queere Perspektiven in der Psychologie

Die Psychologie hat sich bis heute weitgehend gegenüber queeren Perspektiven verschlossen. Daher gibt es auch nur vereinzelte theoretische Erläuterungen eines queeren Selbstverständnisses in der Psychologie (z.B. Barker/Hegarty 2005; Hegarty 2008; Minton 1997; Riggs 2007; Spezialausgabe »Queer Theory and Psychology« der Zeitschrift *Psychology & Sexuality* 2011). Wir verstehen queere Perspektiven in der Psychologie als wissenschaftliche Ansätze, die durch ihre theoretische Orientierung am Konzept der Dekonstruktion geprägt sind. Thematisch sind queere Psychologien interessiert an den Konstruktionsprozessen von Sexualität, Geschlecht und anderen sozialen Kategorien und deren Auswirkungen, speziell hinsichtlich ihrer Verstrickung mit Machtrelationen. In einem ganz allgemeinen Sinne verstehen wir queere Forschung als kritische Auseinandersetzung mit gesellschaftlich mächtigen Diskursen über soziale Kategorisierung und Normierung. Das Feld queerer Psychologien ist ›überschaubar‹, wie wir bereits in Kapitel 3 beschrieben haben, vor allem dann, wenn man nur die Arbeiten berücksichtigen würde, die sich selbst als queer bezeichnen, wie zum Beispiel die in 8.3 vorgestellten Sammelbände (Clarke/Peel 2007; Clarke et al. 2010). Das folgende Kapitel beschreibt also eher Tendenzen eines im Entstehen begriffenen Forschungsbereichs als eine etablierte Subdisziplin. Für die Darstellung haben wir folgende Aspekte vorgesehen: Zunächst wird die thematische und theoretische Ausrichtung queerer Psychologien erläutert (8.1). Es folgt eine kurze Darstellung der *lesbian and gay psychology* als Vorläuferin einer queeren Psychologie (8.2). Wie wir bereits in Kapitel 1 erläutert haben, verzichten wir auf eine ausführliche Darstellung dieser lesbischen/schwulen Tradition, geben aber hier einen kurzen Überblick. Des Weiteren stellen wir drei Buchprojekte vor, die queere Perspektiven in der Psychologie einnehmen (8.3). Zuletzt diskutieren wir exemplarisch ein Themenfeld im Detail, und zwar queere Kritiken an den geschlechts- und sexualitätskonnotierten Diagnosen der Klassifikationssysteme psychischer Erkrankungen »International Classification of Diseases« (ICD) und »Diagnostic and Statistical Manual of Mental Disorders« (DSM) (8.4). Wir haben uns für die Darstellung dieser Debatten entschieden, da daran unserer Meinung nach besonders gut die spezifisch queere Denk- und Kritikweise veranschaulicht werden kann. Ein Exkurs über die Psychoanalyse aus queerer Sicht schließt sich an das Kapitel an.

8.1 Theoretische und thematische Ausrichtung

In Kapitel 7 wurde die Dekonstruktion als queere Denkweise vorgestellt. Die Kritik an diskreten und speziell dichotomen Unterscheidungen, vor allem an der Differenz Frau/Mann, sowie ihre subversive Unterwanderung sind charakteristisch für queere Ansätze. Auf Basis einer politischen und praktischen Forderung vermeiden queere Ansätze definierende, beständige Identitätskategorien, vor allem dann, wenn diese nicht vom Individuum selbst gewählt sind und verwendet werden. Daneben spielt das Konzept der Heteronormativität (Butler 1991, 1993) eine zentrale theoretische Rolle. Butler weist auf die normative Verschlungenheit der beiden sozialen und hierarchisch strukturierten Kategorien ›Geschlecht‹ und ›sexuelle Orientierung‹ hin. Sie argumentiert, dass die gesellschaftliche Norm der Heterosexualität *erstens* andere Sexualitäten abwertet und *zweitens* eindeutige Zweigeschlechtlichkeit als sekundäre Norm notwendig macht. Butler zeigt, dass diese Normen in einem Diskurs ihren Niederschlag finden, der biologische Zweigeschlechtlichkeit als den vermeintlichen Ursprung sozialer Zweigeschlechtlichkeit und heterosexuellen Begehrens setzt. Diese Verknüpfung wird als natürlich und der Reproduktion der Art dienend dargestellt. Heterosexuelle Zweigeschlechtlichkeit wird von Butler als fokaler Punkt der Macht des Diskurses identifiziert (und ersetzt gewissermaßen das Herrschaftsverhältnis zwischen Männern und Frauen als Bündelungspunkt patriarchaler Macht).

Heteronormativitätskritisch setzen sich queere Psychologien also schwerpunktmäßig mit Abweichungen von den Normen der Zweigeschlechtlichkeit und der Heterosexualität auseinander. Deshalb arbeiten sie vor allem über Homo-, Hetero- und Bisexualität sowie zu Trans[11] (Clifford/Orford 2007; Johnson 2007; Speer/Green 2007) und Intersexualität[12] (Hegarty/Chase 2000). Die Themen Homo- und Bisexualität sowie Trans und Intersexualität werden häufig gebündelt, was sich unter anderem an verwendeten Abkürzungen wie LGBTI (siehe Clarke/Peel 2007) oder LBGTIQ für *lesbian*, *gay*, *bisexual*, *trans*, *intersex* und *queer* zeigt. Allerdings nehmen gerade diese Bezeichnungen auch wieder Bezug auf identitätsdefinierende Kategorien. Die Sensibilität für eine

11 Wir verwenden Trans als Sammelbegriff für Transgender, Transsexualität und Transidentität. Transgender verstehen sich meist als zwischen den Geschlechtern lebend und entscheiden sich nicht dauerhaft und eindeutig dafür, als Mann oder Frau zu leben. Manchmal wird der Begriff jedoch auch als Synonym für transsexuell verwendet, was meist die Inkongruenz der geschlechtlichen Identität eines Menschen mit ihrem_seinem bei der Geburt zugewiesenen Geschlecht bezeichnet. Transsexuelle versuchen oft, durch eine Veränderung des Körpers – von der gezielten Hormoneinnahme bis zu chirurgischen Angleichung – eine Kongruenz herzustellen. Der Begriff Transidentität wurde als Selbstbezeichnung (im Gegensatz zum medizinischen Begriff der Transsexualität) von Menschen gewählt, die ausdrücken wollen, dass ihre Identität eine legitime Lebensform und kein pathologischer Zustand ist.

12 Intersexuelle Menschen weisen körperliche Merkmale auf, die eine eindeutige Zuweisung des männlichen oder weiblichen Geschlechts nicht erlauben.

queere Kritik an Identitätskategorien ist von Arbeit zu Arbeit unterschiedlich stark ausgeprägt. Einige verwenden weiterhin gesellschaftlich existierende Kategorien – trotz queerer Kritik –, andere versuchen, vollständig auf sie zu verzichten (was meist mit entsprechenden sprachlichen Schwierigkeiten einhergeht, die teilweise durch Wortneuschöpfungen gelöst werden). Deshalb sind einige Arbeiten nicht eindeutig als queer zu bezeichnen und fallen in einen Übergangsbereich. Wir stellen exemplarisch kurz die Entwicklung der »Genderismus- und Transphobie-Skala« von Darryl Hill und Brian Willoughby (2005) vor. Ähnliches trifft zum Beispiel aber auch auf die von Janice Habarth (2008) entwickelte »Heteronormativity Attitudes and Beliefs Scale« zu. Wenn Hill und Willoughby (2005) über Diskriminierung schreiben, beweisen sie große Sensibilität für die Auswirkungen von gesellschaftlichen Normen auf Normverletzende, die die Geschlechtskategorien missachten und unterlaufen, und für die Auswirkungen des mächtigen Diskurses der Transphobie. Bei der Entwicklung ihrer eigenen Skala zur Erfassung von vorverurteilenden Einstellungen müssen sie dann allerdings dennoch auf identitätsdefinierende Kategorien wie ›Mann‹, ›weiblich‹ und dergleichen zurückgreifen (vgl. z.B. Item 19 der GTS Scale, Hill/Willoughby 2005: »Weibliche Jungs sollten von ihrem Problem geheilt werden.«). Damit halten sie einen angeblichen Sinn der Bezeichnung ›weiblich‹ aufrecht, was aus queeren Perspektiven kritikwürdig ist.

Im Gegensatz zu den queeren Psychologien waren LGBTI-Menschen lange ein Tabuthema für die *Mainstream*-Psychologie und zum Teil sind sie dies noch immer. Diese Ignoranz gegenüber LGBTI-Menschen ist die eine Seite des Heterosexismus (Brown 1989; Ise/Steffens 2000) in der Psychologie. Seine andere Seite ist die Pathologisierung, die ihren Niederschlag in psychiatrischen Diagnosen wie etwa der Geschlechtsidentitätsstörung (DSM IV) findet. Hierauf gehen wir unter 8.4 ein. Konsequenterweise schließt die queer orientierte Zeitschrift *Psychology & Sexuality* Artikel von der Veröffentlichung aus, die Sexualitäten pathologisieren (*Psychology & Sexuality* 2011).

Zwei weitere queere Forderungen schlagen sich in der Forschungsliteratur der queeren Psychologie nieder. Dies ist *erstens* die Forderung nach Diversität, die durch die Zugehörigkeit von Menschen zu verschiedenen Klassen und Kulturen oder Altersgruppen zustande kommt. Auch wenn immer noch Studien zu weißen, gebildeten und urban lebenden Schwulen und Lesben das Feld queerer Forschung dominieren, wird doch verstärkt untersucht, was es psychologisch bedeutet, zum Beispiel in ländlichen Regionen, in stark religiös geprägten Gemeinschaften oder als Schwarze in den USA als LGBTIQ-Mensch zu leben. Damit verbunden ist für die Psychologie auch die Frage, welche speziellen psychologischen Angebote für die entsprechenden Personengruppen angemessen und hilfreich sind (wobei die Forschung zu HIV-Präventionsmaßnahmen einen großen Teil ausmacht; z.B. Pequegnat et al. 2006; Wilton et al. 2009). *Zweitens* wurde die Forderung nach einer Berücksichtigung nicht monogamer Lebensformen laut. Dementsprechend wird seit Kurzem auch Polyamory aus queerer Perspektive psychologisch erforscht (Barker 2007; Barker/Langdridge 2009; Morrison et al. 2011; Ritchie/Barker 2006; Wosick-Correa 2010). Unter Polyamory wird eine nicht monogame Beziehungsform verstanden, bei der mit dem Einverständnis aller Beteiligten Liebe und Sexualität nicht nur mit einer_m, sondern (potenziell) mit mehreren Partner_innen gelebt werden. Dabei wird von einigen die Infragestellung der Monogamie als Beziehungsnorm durchaus nicht nur als persönliches Anliegen, sondern als queer-politisches Projekt verstanden. Polyamory ist als Thema für eine queere Psychologie unter anderem deshalb interessant, weil es Menschen unabhängig von ihrer sexuellen Orientierung oder Geschlechtsidentität, also unabhängig davon, ob sie LGBTI und/oder Hetero sind, betreffen kann und daher als Thema das Potenzial bietet, die von queer geforderte Inklusivität in der Forschung umzusetzen.

8.2 *Lesbian and gay psychology* als Vorläuferin queerer Psychologie

Clarke et al. (2010) führen als wichtige Vorläuferinnen der LGBTIQ Psychologien die *gay affirmative psychology* und die *lesbian and gay psychology* an. Dabei ist zu betonen, dass queer nicht die *lesbian und gay psychology* abgelöst hat, sondern heute beide parallel, mit großen inhaltlichen Überlappungen bestehen. Nicht alle der in diesem Bereich arbeitenden Forschenden bezeichnen sich als queer, viele behalten auch die Bezeichnung *lesbian and gay psychology* bei oder verwenden wie Clarke et al. (2010) beide Begriffe. Die *lesbian and gay psychology* wird in dieser Einführung nicht ausführlich vorgestellt (siehe für eine Publikationsliste die »Selected bibliography of lesbian, gay, and bisexual concerns in psychology: an affirmative perspective«; American Psychological Association 1998). Ihr Forschungsansatz weist aber eine große Ähnlichkeit zu der vorgestellten *psychology of women* auf. Während im einen Fall die wissenschaftlichen Blindstellen des Androzentrismus ausgeleuchtet werden, wird im anderen Fall das durch den Heterosexismus ignorierte psychische Leben von Lesben und Schwulen in den Blick genommen (Bohan 1996). Dabei werden nicht nur der eng umrissene Bereich der Sexualität untersucht, sondern auch andere Stationen und wichtige Elemente im Leben von Schwulen und Lesben, wie zum Beispiel Gesundheit, Alter, Partnerschaft oder Elternschaft.

Viele Forschungsarbeiten (vor allem frühe Arbeiten in den 1970er Jahren) verfolgen dabei das Ziel, zu zeigen, dass es sich bei Homosexuellen um ›ganz normale‹ Menschen, Partner_innen oder Eltern handelt, die keine spezifischen Pathologien aufweisen. Diese Normalisierungstendenz findet sich bis heute besonders deutlich im Bereich der Forschung zu sogenannten Regenbogenfamilien (siehe Clarke et al. 2010, Kapitel 9). Hier haben viele Forschende gezeigt, dass Kinder mit schwulen und/oder lesbischen Eltern keine besondere Entwicklung aufweisen, vor allem nicht in den Bereichen Geschlechtlichkeit und Sexualität. Forschungsergebnisse wie diese konnten politisch verwendet werden, um für die Rechte von Homosexuellen zu kämpfen, zum Beispiel im Falle des Adoptionsrechts für homosexuelle Paare in Deutschland. Diese normalisierende Forschung hat aber seit den 1980er Jahren Kritik in den eigenen Reihen hervorgerufen. *Erstens* wurde kritisiert, dass der verwendete Gesundheitsbegriff heteronormative Vorstellungen enthalte (vgl. Clarke/Braun 2009). *Zweitens* wurde gefordert, die Besonderheiten und vor allem die besonderen Stärken von Lesben und Schwulen hervorzuheben, anstatt sie an der Norm der Heterosexualität zu messen (und daran, was man als ›gesund‹ erachtet). Hierzu zählt zum Beispiel Laura Brown (1989) den von Homosexuellen gelebten Bikulturalismus. Schwule und Lesben seien meist in der Lage, sich gleichzeitig in einer hetero- und homosexuellen Kultur zu bewegen, auch wenn sich diese stark voneinander unterscheiden. Michaele Ise und Melanie Steffens (2000) betonen die besondere Fähigkeit von Lesben, sich mit ihren ehemaligen Partnerinnen auch als Freundinnen gut zu verstehen.

Die feministischen Psychologien haben sich im Gegensatz dazu häufig nicht als Wegbereiterin von LGBTIQ-Psychologien erwiesen, obwohl Sexualität durchaus thematisiert wird. Wie auch im vorliegenden Buch gezeigt wurde, taucht Sexualität zum Beispiel als prominentes Thema in der *psychology of women* auf (siehe Kapitel 4). Über weite Strecken ist die hier thematisierte Sexualität allerdings heterosexuell, findet in festen, monogamen Partnerschaften statt und wird aus der Perspektive weißer, gebildeter Frauen geschildert. Auch in den in Kapitel 5 vorgestellten kritischen Arbeiten von Eagly zu Geschlechterunterschieden bei der Partnerwahl zeigt sich der Heterosexismus der feministischen Psychologie: Ohne dies selbstkritisch zu kommentieren, wird von Eagly ausschließlich die heterosexuelle Partnerwahl untersucht. Diese Engführung der feministischen Perspektive wird von feministischen Lesben kritisiert. Sie weisen auf die Unsichtbarkeit lesbischen Lebens hin und sprechen sich für eine Erforschung psychologischer Phänomene im Zusammenhang mit lesbischen Identitäten und Lebensweisen aus. Auch die aus dieser Kritik resultierende

Praxis, Lesbianismus in eigenen Kapiteln, von Kitzinger (1996) als »token lesbian chapters« bezeichnet, zu verhandeln, wird kritisiert. Kitzinger argumentiert, dass durch diesen Separatismus der Heterosexismus der feministischen Psychologie sowie der *Mainstream*-Psychologie im Allgemeinen nicht hinterfragt wird. Sie fordert dementsprechend eine wirkliche Inklusion von Homosexualität und damit auch eine konsequente Infragestellung des eigenen Heterosexismus. Eine vergleichbar problematische Beziehung existiert zwischen feministischen Psychologien und den Anliegen von Trans- und Intersex-Menschen. So berichten Hegarty und Cheryl Chase (2000) von der Ignoranz von Feministinnen gegenüber den Problemen von Intersexuellen. An verschiedenen Stellen (Clarke/Peel 2007; Clarke et al. 2010; Johnson 2007) wird die Transphobie von (einigen) Feministinnen beschrieben.

Von einer weiteren Art von Forschungsarbeiten ist die *lesbian and gay psychology* allerdings deutlich abzugrenzen. Dies sind Studien, die sich zwar einer LGBTI-Population widmen, dies allerdings in einer nahezu pejorativen Weise tun (z.B. Johnson et al. 2007). Sie versuchen zum Beispiel zu zeigen, dass die sexuelle Orientierung anhand visueller Hinweisreize (z.B. der Gangart eines Menschen) zu erkennen sei. Dabei verlassen sie sich sowohl auf stabile Identitätskategorien bezüglich Geschlecht und Sexualität wie auf deren angeblich einfache Definierbarkeit und sie rekurrieren auf angeblich biologische Gegebenheiten, ohne Kritik an mächtigen Diskursen über dergleichen zu üben. Kurz, sie betreiben eine Psychologie über LGBTI-Menschen als Forschungsobjekte ›von oben herab‹, wobei sie sich von ihren *Mainstream*-Vorstellungen über Geschlecht und Sexualität leiten lassen.

Es ist also abschließend festzuhalten, dass es sich bei den inklusiven LGBTIQ-Psychologien durchaus um eine neue Entwicklung handelt. Das Konzept der Heteronormativität und die Entwicklung queerer Denkweisen hat darauf entscheidend Einfluss genommen. Allerdings bleibt hierbei tendenziell die feministische Perspektive außen vor. Die von uns favorisierte queer-feministische Perspektive (siehe Kapitel 1) ist im Bereich der LGBTIQ-Psychologien jedenfalls selten zu finden.

8.3 Drei exemplarische Buchprojekte

Drei interessante Buchprojekte, die sich einer queeren Psychologie zuordnen lassen, werden hier exemplarisch vorgestellt. Dabei handelt es sich zunächst um den Sammelband *Out in Psychology: Lesbian, Gay, Bisexual, Trans and Queer Perspectives* von Clarke und Peel (2007). *Queer*, *trans*, *bisexual*, *gay* und *lesbian* werden darin einerseits als voneinander zu unterscheidende Perspektiven, andererseits als ein gemeinsames Anliegen teilend vorgestellt. Dies wird an der Verwendung des Kürzels LGBTQ, aber auch an dem gemeinsamen Standpunkt »out in psychology« deutlich. Wie die Autor_innen deutlich machen, ist dabei die Präposition »in« bewusst gewählt: »We are ›outing‹ psychology as a discipline that already, if sometimes ambivalently or unwillingly, incorporates LGBTQ perspectives. […] It is vital that we engage with, and contribute to, the broader discipline« (Clarke/Peel 2007, S. 1). Obwohl man meinen könnte, dass sich die in diesem Band versammelten Perspektiven unter dem Begriff queer zusammenfassen ließen, nennen die Autorinnen gute Gründe für die separate Auflistung. Sie weisen darauf hin, dass alle fünf Positionen durch die *Mainstream*-Psychologie, aber auch wechselseitig durch sich selbst marginalisiert werden. Clarke und Peel nennen so zum Beispiel Stimmen, die sich für eine separate Psychologie für Lesben aussprechen. Nur diese könne vermeiden, dass spezielle psychologische Themen im Leben von Lesben nicht wissenschaftlich ›vergessen‹ und nicht durch die Dominanz der Thematisierung von männlicher Homosexualität verdeckt würden (z.B. Jeffreys 2003). Des Weiteren wird von Clarke und Peel (2007) gezeigt, dass Bisexualität ein blinder Fleck der Psychologie ist – sie wird vom psychologischen *Mainstream*, der feministischen und der *gay and lesbian* Psychologie gleichermaßen ignoriert. Ähnlich ergeht es der Trans-Perspektive, wie bereits dargestellt worden ist. Das Kapitel von Clarke und Peel (2007) »From Lesbian and Gay Psychology to LGBTQ Psychologies: A Journey into the Unknown (or Unknowable)« gibt einen guten Überblick über die vielfältigen – sowohl politischen als auch wissenschaftlichen – Differenzen und Koalitionen zwischen LGBT und Q.

Aus unserer Sicht ist allerdings kritisch anzumerken, dass Clarke und Peel keine feministischen Perspektiven aufnehmen und die Verbindung von LGBTQ zu feministischen Psychologien ignorieren. In den ersten beiden einführenden Kapiteln fehlt eine Erwähnung von feministischen Ansätzen fast vollständig. Wird Feminismus erwähnt, dann fast immer in Abgrenzung zu queer. Clarke und Peel betreiben so die Separierung von LGBTQ und die Provinzialisierung des Feminismus durch queer, wie wir sie in unserem ersten Kapitel beschrieben haben. Aber nicht nur der Feminismus, auch queer wird durch diese Abgrenzung verkürzt: Aus unserer Sicht fehlt aus diesem Grund die gerade für queer charakteristische analytische Kopplung von Sexualität und Geschlechtlichkeit. Dies stört besonders, da die Autorinnen immer wieder die Einbeziehung anderer sozialer Kategorien der Marginalisierung (neben der Kategorie Sexualität) fordern, diese Forderung aber weder als queer bezeichnen, noch die Koalitionsmöglichkeiten mit feministischen Ansätzen betonen.

Als Sammelband vereint *Out in Psychology* verschiedenste psychologische Ansätze, politische Positionen und Themen, »from positivist or essentialist perspectives to experiential or contextual perspectives, to critical, constructionist and discursive perspectives« (Clarke/Peel 2007, S. 6f.), von L bis Q und von historischen Perspektiven bis zu Themen wie Identität, Arbeit, Freizeit, Gesundheit, Partnerschaft. Diese Bandbreite wird durch die Vielfältigkeit der in dem Sammelband publizierenden Autor_innen sichergestellt.

Mit der auf *Out in Psychology* 2010 folgenden Einführung *Lesbian, Gay, Bisexual, Trans & Queer Psychology. An Introduction* verfolgen Clarke und Peel gemeinsam mit Sonja Ellis und Damien Riggs eine andere Strategie. Durch die einheitliche Autor_innenschaft ergibt sich ein übereinstimmender Forschungsansatz in allen Kapiteln. Dabei entspricht das dargelegte Verständnis von LGBTQ-Psychologien in etwa dem in *Out in Psychology*. Eine Bereicherung im Vergleich zum früheren Buch sind die zwei einführenden Kapitel, von denen das erste einen Überblick über die historische Entwicklung von LGBTQ-Psychologien gibt und das zweite Forschungsmethoden vorstellt. Es wird hier ausführlich von den Problemen berichtet, die bei der Erstellung von sinnvollen Stichproben im Bereich LGBT entstehen. Diese reichen von der Definition (wer ist eigentlich lesbisch und wann ist jemand bisexuell?), über die Rekrutierung von Proband_innen bis hin zu Fragen der Repräsentativität. Des Weiteren schlagen Clarke et al. (2010, S. 72f.) folgende Prinzipien queerer Forschung vor:

> »Non-heterosexist, non-genderist and inclusive research
> - is based on research questions that are inclusive of LGBTQ people and that avoid stereotypes and stigmatising LGBTQ people
> - is not based on research questions that assume LGBTQ people's behaviours and practices can be explained solely in terms of their sexualities and gender identities
> - is based on samples that are representative […] or include sufficient diversity
> - avoids measures and data collection tools that assume heterosexuality or that participants are non-trans
> - is conducted by researchers who are well informed about LGBTQ communities
> - puts measures in place adequately to protect participants and does not have a negative effect on LGBTQ participants
> - understands difference as difference, rather than as indicative of deficiency
> - avoids heterosexist and genderist language
> - acknowledges the limitations of research findings and anticipates potential misrepresentations of research findings
> - disseminates research findings to participants and LGBTQ communities (and agencies that serve those communities).«

Diese Liste wird ergänzt um Ratschläge für Forschende, die nicht selbst zur untersuchten Personengruppe zählen.

> »[They] should
> - reflect on their motivations for conducting the research and the ways in which the findings will be used […]
> - reflect on their understandings of social marginalisation issues […]
> - develop partnership with members of the community investigated and seek advice on the conduct of their research
> - communicate effectively with the community […] and be clear about their ethical obligations
> - avoid making assumptions about what it means to be a member of the community; they should learn about the community and, where appropriate, participate in community activities
> - be prepared for objection to their research […]
> - ideally produce research that leads to meaningful outcomes for members of the community« (Clarke et al. 2010, S. 73).

In Teil zwei und drei ihrer Einführung präsentieren Clarke et al. (2010) psychologische Forschungsergebnisse über LGBTQ-Menschen. Teil zwei widmet sich dem Oberthema der sozialen Marginalisierung und thematisiert Diversität innerhalb der Communities, Diskriminierung, Vorurteile und die Frage nach der Gesundheit von LGBTQ-Menschen. Teil drei betrachtet Erfahrungen von LGBTQ-Menschen »across the lifespan«, insbesondere im Hinblick auf die Themen Jugend, Coming Out, Identitätsentwicklung, Partnerschaften, Elternschaft und Familie, Altern und hohes Alter.

Einen allgemeiner formulierten Vorschlag einer queer-feministischen Psychologie legen Clarke und Virginia Braun (2009) vor. Sie betonen, dass sich eine feministische und queere Psychologie gegen folgende Praktiken richten beziehungsweise diese kritisch reflektieren muss:

> »(1) The binary construction of sex/gender, with sex belonging to the biological realm and gender the psychological and cultural realm;
> (2) the reification of gender – the treatment of an idea as a real or living thing; and
> (3) the regulatory role of psychology in upholding normative conceptions of gender and gendered beings« (Clarke/Braun 2009, S. 239).

Weiterhin definieren sie:

> »Here, we are defining a feminist critical psychology approach as one in which assumptions, categories and implications of gender are interrogated within psychology and the wider society. A queer critical psychology goes further – it seeks not just to interrogate or reveal but to dismantle the normative gender and sexuality categories within, and beyond, the discipline« (ebd.).

Eine ganz andere Ausrichtung weist das dritte Buch auf, das wir hier vorstellen. Es handelt sich dabei um *Heterosexuality. A Feminism and Psychology Reader* von Wilkinson und Kitzinger (1993). Die Autorinnen haben für diese Publikation verschiedene Frauen angeschrieben, die bekennende Feministinnen und als heterosexuell geoutet sind oder von denen nicht bekannt ist, dass sie lesbisch leben. Sie wurden um eine Stellungnahme zu ihrer Heterosexualität aus feministischer Perspektive gebeten. Ganz im Sinne der queeren Kritik am Heterosexismus der Psychologie greifen auch Wilkinson und Kitzinger mit ihrem Buch die Hegemonie von Heterosexualität an, indem sie diese erklärungs- und erläuterungsbedürftig machen (eine ähnliche Strategie verfolgt die Zeitschrift *Psychology & Sexuality*, indem sie Heterosexualität ausdrücklich zu ihrem Themenbereich zählt). Anstatt implizit Heterosexualität anzunehmen, thematisieren sie diese explizit und führen damit eine Denaturalisierung des Phänomens herbei. Einen weiteren destabilisierenden Effekt hat die geoutete Homosexualität der Autorinnen. Die an die Autorinnen häufig gestellte Frage »what would we lesbians have to say about heterosexuality […] why would we, as lesbians, want to add to the heterosexual deluge?« (Wilkinson/Kitzinger 1993, S. 1f.) entblößt bereits den Heterozentrismus der Psychologie und die ›Ghettoisierung‹, mit der auf Homosexualität reagiert wird. Hierdurch wird die identitäre Annahme aufgedeckt, Bi-, Homo- oder Heterosexualitäten könnten nur von die jeweilige Sexualität lebenden Wissenschaftler_innen erforscht werden. Wir denken, dass das Buch von Wilkinson und Kitzinger ein sehr gutes

Beispiel für die im letzten Abschnitt erläuterte Strategie der Dekonstruktion ist. Obwohl Kitzinger (1996) und Wilkinson und Kitzinger (1993) den Begriff queer nicht verwenden, ordnen wir ihre Arbeiten queer-feministischen Ansätzen zu. Es ist zu vermuten, dass sie sich selbst nicht auf queer beziehen, weil zum Zeitpunkt der Veröffentlichung beider Text die Debatte um queer noch marginal war. In einem späteren Text über Heterosexualität verwenden sie durchaus den Begriff »queer heterosexuality« (Kitzinger/Wilkinson 2010, S. 404).

8.4 Verschiedene Diskurse zu einem Thema: Die Klassifikation in geschlechts- und sexualitätskonnotierte psychische Störungen

Einige psychische Abweichungen von heteronormativer Geschlechtlichkeit und Sexualität sind im DSM und ICD als psychische Störungen definiert. Diese Diagnosekategorien sind Gegenstand zahlreicher queer-feministischer Debatten, die auch für die Psychologie interessant sind. Vier dieser Debatten werden hier vorgestellt.

Institutionalisierung als psychische Krankheit

Die beiden Klassifikationssysteme psychischer Störungen DSM und ICD haben in ihren verschiedenen Fassungen immer bestimmte Formen sexueller Orientierung und Geschlechtlichkeit als pathologisch klassifiziert. Psychologie und Psychiatrie können in diesem Kontext besonders deutlich als »Sinninstitution« (Saar 2007; siehe Kapitel 7) verstanden werden, die sowohl die dichotome Kategorie »krank/gesund« als auch Zweigeschlechtlichkeit und die Unterscheidungen zwischen Hetero- und Homosexualität sowie andere Formen der sexuellen Orientierung (z. B. Exhibitionismus, Sadomasochismus) stabilisiert. Hier gibt es einerseits einen Streit darüber, ob Mediziner_innen oder Psycholog_innen das institutionalisierte Hoheitsrecht zur Definition von psychischen Krankheiten haben sollten. Diese Auseinandersetzung hängt unter anderem mit der historischen Entwicklung der Klassifikationssysteme und der erst in jüngerer Zeit erfolgten Stärkung der psychologischen Position zusammen, was als Thema allerdings nicht in dieses Buch gehört. Andererseits haben queer-feministische und *gay affirmative* Wissenschaftler_innen und Aktivist_innen Psychologie und Medizin für ihre Stabilisierung bestimmter Normen durch die Klassifikationssysteme kritisiert und zum Teil erfolgreich Revisionen der Klassifikationssysteme herbeigeführt. Beispielsweise wurde die Diagnose »Homosexualität« 1968 in den ICD eingeführt und erst 1993 wieder entfernt. Im DSM wurde die Diagnose »Homosexualität« bereits 1952 eingeführt und schon 1973 wieder gestrichen. Dass mit dieser Diagnose neben dem Labeling-Effekt und der Pathologisierung zahlreiche weitere Praktiken verknüpft waren, wie zum Beispiel die erzwungene Therapie von Homosexuellen (die immer noch, trotz Streichung der Diagnosekategorie, von einigen betrieben wird; siehe Clarke et al. 2010, S. 12), ist zu bedenken und verleiht der erfolgreichen Revision besondere Bedeutung. Der ICD-10 enthält seitdem den Hinweis, dass die sexuelle Orientierung selbst nicht als Störung anzusehen ist. Die im ICD-10 enthaltene Diagnose »ichdystone Sexualorientierung« ist zu stellen, wenn Menschen unabhängig von der Richtung ihrer sexuellen Orientierung mit dieser unzufrieden sind und sie ändern möchten. Das DSM IV enthält nur die Kategorie »sexual disorder not otherwise specified«, die auch das Leiden an der eigenen sexuellen Orientierung enthalten kann.

Das DSM hat Transsexualität 1980 als Diagnose eingeführt und 1994 durch die bis heute beibehaltenen Diagnose *»gender identity disorder«* ersetzt. Der ICD führt Transsexualismus in der aktuellen Fassung weiterhin als Unterkategorie der »Störungen der Geschlechtsidentität«. Während Homosexualität also aus den Diagnosemanualen herausgenommen wurde, bleibt Transsexualität als Unterkategorie der Geschlechtsidentitätsstörungen im ICD-10 enthalten. Neben Transsexualität führt der ICD-10 unter den Geschlechtsidentitätsstörungen *dual-role transvestism*, *gender identity disorder of childhood* und *other gender identity disorders* auf.

Interessant ist, dass zwar bei Transsexualität das Leiden der betroffenen Person hervorgehoben wird (die sich in ihrem Körper unwohl fühlt), bei Transvestismus aber betont wird, dass ›Betroffene‹ gegengeschlechtliches Aussehen wählen, »in order to enjoy the temporary experience of membership of the opposite sex« (ICD-10). Wie kann Vergnügen das Merkmal einer psychischen Erkrankung sein? Diese Frage stellt sich im Übrigen in gleicher Weise für die Gruppe der »Störungen der sexuellen Präferenz«, unter anderem Sadomasochismus, Fetischismus oder Voyeurismus. In einigen Fällen, zum Beispiel bei Exhibitionismus oder Pädophilie, kann argumentiert werden, dass hier *andere* Menschen unter der sexuellen Präferenz leiden. Dies rechtfertigt aber noch nicht die Klassifikation als psychische Erkrankung, denn schließlich könnten entsprechende Handlungen auch lediglich als Straftaten definiert werden. Auf diese Weise würde das manifeste Verhalten bestraft, nicht aber die sexuelle Präferenz an sich pathologisiert. Ein anderes Argument für die Klassifikation als psychische Erkrankungen könnte sein, dass die Menschen selbst an ihren abweichenden sexuellen oder geschlechtlichen Präferenzen leiden – der ICD-10 führt dieses Leiden aber weder bei Transvestismus noch bei Störungen der sexuellen Präferenz als Kriterium an.

Hauptkritikpunkt queer-feministischer Psychologien ist die mit der Diagnose verbundene normative Abwertung und Pathologisierung von Transgender, Transsexuellen und Menschen mit bestimmten sexuellen Orientierungen. Diese Diagnosekategorien stecken die Grenzen ›normaler‹ Geschlechtsidentitäten und -performativitäten sowie normaler Sexualität ab und verstärken damit ihre Normativität. Transsexualität, Geschlechtsidentitätsstörungen oder sogenannte sexuelle Paraphilien bilden die negative Kontrastfolie, von der sich ›gesunde Männer‹ und ›gesunde Frauen‹ abgrenzen können und müssen. Eine Entpathologisierung und die Entlarvung der heteronormativen Grundannahmen ist aus diesem Grund auch ein feministisches, ganz sicher aber ein queer-feministisches Anliegen.

Ein Beispiel für eine kritische Auseinandersetzung mit dem mächtigen Diskurs über Transsexualität bietet Johnson (2007). Sie beschreibt sehr eindrücklich, dass der psychiatrisch-psychologische Diskurs bestimmt, wie Transsexuelle sich selbst zeigen. Menschen, die eine körperliche Geschlechtsangleichung anstreben, werden von Psychiater_innen oder Psycholog_innen begutachtet, die normative Vorstellungen über Phänomene wie Weiblichkeit, Männlichkeit und Transsexualität haben. Erstere versuchen dementsprechend, den Normen Letzterer zu entsprechen, um ihr Ziel – die Diagnose – zu erlangen. Eine Analyse dieser Verstrickungen der psychiatrischen Praxis mit heteronormativen Machpositionen ist sicherlich als gequeert zu bezeichnen. Dies trifft ebenso auf Kesslers (1990) Arbeit zu. Sie entlarvt den Konstruktionscharakter der Geschlechterbinarität, indem sie medizinische Korrekturen oder Pathologisierungen aller als biologisch abweichend bezeichneter Körper aufdeckt. Sie zeigt auf, wie intersexuelle Kinder ohne medizinische Indikation operiert werden, um sie eindeutig einem Geschlecht zuweisen zu können, was somit ein rein normativ begründeter Eingriff ist (mit erheblichen physischen Folgen).

Heteronormative Verstrickung von Geschlecht und Sexualität

Per definitionem haben sexuelle Orientierung und geschlechtliche Identität nichts miteinander zu tun. Beide Bezeichnungen benennen zwei voneinander unabhängige Phänomene. Wie bereits dargestellt, verbinden heteronormative Diskurse jedoch beide Phänomene miteinander. Dies zeigt sich unter anderem im Umgang mit Homosexualität und Transsexualität in den Klassifikationssystemen. Jillian Weiss (2003) beschreibt, dass bis in die 1950er Jahre Transsexuelle oder Transgender als homosexuell klassifiziert wurden und erst danach sexuelle Orientierung und Geschlechtsidentität als zwei getrennte Phänomene verhandelt wurden. Umgekehrt wurde auch lange unterstellt, dass Schwule keine Männer und Lesben keine Frauen sein wollen. Johnson (2007) bestätigt, dass Heterosexualität lange als ein definierendes Charakteristikum von Transsexualität galt und dass Individuen keine Zulassung zur Geschlechtsangleichung bekamen, wenn sie homosexuelle Neigungen äußerten. Hier zeigt sich durch die zeitweilig zusammenfallende Klassifikation von Trans- und Homosexualität eine historische Bestätigung von Heteronormen. Es wird deutlich, wie sich heterosexuelle Zweigeschlechtlichkeit als regulärer Standard von Abweichungen normativ (durch die Diagnose gesund oder krank) abgrenzt. Wer eine abweichende Geschlechtlichkeit hat, ist automatisch auch sexuell abweichend. Kathy Gainor (2000) argumentiert, dass auch aktuell die Behandlung von Kindern mit Geschlechtsidentitätsstörung häufig erfolgt, um die Entwicklung von Homosexualität zu verhindern.

Mächtige Position durch die Eigenschaft als *gatekeeper*

Für Menschen, die in Deutschland eine Geschlechtsangleichung durchführen möchten (für andere Länder haben wir keine Recherche durchgeführt), spielt die psychiatrische/psychologische Diagnose der Geschlechtsidentitätsstörung oder Transsexualität eine wichtige Rolle. Sowohl für die »kleine Lösung« (Vornamensänderung) und erst recht für die »große Lösung« (Personenstandsänderung nach erfolgter operativer Geschlechtsangleichung und herbeigeführter Fortpflanzungsunfähigkeit) ist ein psychiatrisches Gutachten notwendig, das eine Geschlechtsidentitätsstörung oder Transsexualität diagnostiziert. Dasselbe Gutachten ist auch eine Voraussetzung für medizinische Maßnahmen zur Geschlechtsangleichung, also für die Verschreibung entsprechender Hormone oder die Durchführung operativer Maßnahmen. Vor allem werden ohne entsprechende Diagnose die Kosten nicht von den Krankenkassen übernommen.

Durch diese rechtliche Situation haben Psychiater_innen oder Psycholog_innen die Funktion von *gatekeepern*. An ihnen kommt niemand vorbei, der sich einer rechtlichen und/oder medizinischen Geschlechtsumwandlung unterziehen möchte. Dies ist besonders interessant, da es sich bei der Geschlechtsidentitätsstörung um die einzige Diagnose der Klassifikationssysteme handelt, die die Betroffenen nur selbst stellen können. Das maßgebliche Kriterium der gefühlten Inkongruenz zwischen erlebter Geschlechtsidentität und biologisch anders definiertem Körper kann nur von den Individuen selbst festgestellt werden, also gerade nicht von Außenstehenden. Trotzdem halten Begutachtende an ihrer Definitionsmacht fest, worauf unter anderem Johnson (2007) hinweist. Aus queer-feministischer Perspektive werden die Machtverhältnisse kritisiert, die bestimmen, wer *gatekeeper* wird und wem die Definitionsmacht zugesprochen wird. Hier spielen normative Vorstellungen über Gesundheit ebenso eine Rolle wie die Frage nach der Verantwortung für psychisches Leid und seine Bearbeitung und Behandlung. Beispielsweise ist es bezüglich der Streichung der Diagnose aus den Klassifikationssystemen relevant, den Zusammenhang zwischen Diagnose und Zugänglichkeit von medizinischen Angeboten und rechtlichen Regelungen zu bedenken. Als isolierte Strategie könnte sich die Streichung der Diagnose letztendlich gegen Transsexuelle oder Transgender richten. Umfassendere Veränderungen des gesellschaftlichen Umgangs mit Geschlechtsangleichungen sind also zu fordern. Zum Beispiel könnte man sich vorstellen, dass für Geschlechtsangleichungen öffentliche Gelder zur Verfügung gestellt werden, wenn anerkannt wird, dass diese Menschen unter den gesellschaftlichen Normen der Geschlechtlichkeit leiden. Das entstehende Leiden würde dann nicht länger in einer individuellen Pathologie, sondern in einem gesellschaftlichen Problem der Integration verwurzelt.

Auch die wünschenswerte Rolle der Psycholog_innen ist gründlich zu überdenken. Ihre mit Macht ausgestattete Position als *gatekeeper* ist kritisch zu bewerten. Als Therapeut_innen und Berater_innen könnten Psycholog_innen Trans-Menschen aber dennoch gute Dienste erweisen, wenn sie ihnen, falls erforderlich und erwünscht, entsprechende Unterstützung während des gesamten Prozesses der Geschlechtsangleichung und danach anbieten. Diese tatsächliche psychologische Hilfe wird durch die aktuelle Regelung oft unmöglich gemacht: So wissen Trans-Menschen ganz genau, was sie sagen müssen, um die entsprechende Diagnose zu erhalten (Johnson 2007). Individuelle Beratung ist auf der Grundlage dieser stereotypisierten Interaktionen zwischen Patient_innen und Therapeut_innen nicht möglich. Außerdem endet die Zuständigkeit der psychologischen Profession für Trans-Menschen mit erfolgter Geschlechtsumwandlung. Möglicherweise wäre aber gerade danach psychologische Unterstützung für das Leben in der neuen Rolle – jedenfalls in vielen Fällen – notwendig, jedenfalls hilfreich und sinnvoll.

Vernachlässigung kultureller Vielfalt

Zuletzt sei darauf hingewiesen, dass sich durch die Kategorie der Geschlechtsidentitätsstörungen massive Probleme in interkulturellen Kontexten ergeben (Newman 2002). Zumindest der ICD beansprucht, ein internationales Klassifikationssystem zu sein. Den in verschiedenen Kulturen geltenden Geschlechter- und Sexualitätsordnungen wird das westliche System normativer Zweigeschlechtlichkeit aber nicht gerecht. Das gleiche gilt für die Störungen der sexuellen Präferenzen. Louise Newman (2002) beschreibt, dass auch bei der Diagnose und Behandlung von (angeblichen) Geschlechtsidentitätsstörungen bei Kindern aus Familien mit Migrationshintergrund kulturbedingte Schwierigkeiten entstehen.

Vor dem Hintergrund dieser vielfältigen Probleme und Diskussionen ist es ausgesprochen spannend zu beobachten, wie sowohl der ICD als auch das DSM in Zukunft überarbeitet werden. Für beide Diagnosemanuale steht eine Revision an. Zurzeit wird an den beiden neuen Versionen DSM V und ICD-11 gearbeitet, die 2013 und 2014 veröffentlich werden sollen. Von queeren Aktivist_innen wird eine Aufhebung der Kategorie Geschlechtsidentitätsstörung gefordert, so zum Beispiel von der Kampagne *stop trans pathologization 2012* oder in einem Brief an die DSM V *task force*, der von dem *Callen-Lorde Community Health Center* und dem *Lesbian,*

Gay, Bisexual, and Transgender Community Center of New York City verfasst wurde (Gaycenter 2010). Sie kommentieren den Vorschlag der APA kritisch, *gender identity disorder* durch *gender incongruency* zu ersetzen. Dieser Revisionsvorschlag führe die Pathologisierung von Trans-Menschen fort und erleichtere nicht die Zugänglichkeit von medizinischen und psychologischen Hilfsangeboten. Folgende Argumente werden für eine vollständige Streichung ins Feld geführt:

- Nonkonformität mit Geschlechternormen sei an sich keine psychische Krankheit. Das hiermit verbundene Leiden entstehe nicht durch das Phänomen an sich, sondern durch die erlebte Diskriminierung. Nicht das Individuum, sondern die Gesellschaft sei dysfunktional.
- Die spezifische medizinische Versorgung von Trans-Menschen sei besser mithilfe einer medizinischen anstelle einer psychiatrischen Diagnose zu gewährleisten. Die psychischen Probleme seien durch andere psychiatrische Diagnosen, zum Beispiel Depression, abgedeckt.
- Die Diagnosen gender identity disorder oder gender incongruency dienten als Rechtfertigungsgrundlage für die Anwendung von Therapien gegen Transsexualität (ähnlich wie Therapien gegen Homosexualität; siehe oben), die für Trans-Menschen ausgesprochen diskriminierend und schädlich seien.

Exkurs: Psychoanalyse und queere Ansätze

Das Verhältnis zwischen queeren Ansätzen und der Psychoanalyse ist zwiespältig. Auf der einen Seite basieren viele queere, postmoderne und dekonstruktivistische Theorien (auch) auf psychoanalytischen Konzepten. Vor allem die Theorien von Freud und Lacan sind vielfältig rezipiert worden. Zu nennen sind unter anderen die Arbeiten von Irigaray (1979), Wittig (1992) und Butler (1991, 1993). In keiner dieser Arbeiten werden psychoanalytische Theorien unkritisch übernommen. Die Kritik richtet sich vor allem gegen die

Normativität der Freud'schen Theorie. Freud sieht Zweigeschlechtlichkeit und Heterosexualität als Merkmale gesunder psychischer Entwicklungen an. An diesem Maßstab gemessen erscheinen LGBTI-Menschen als pathologisch. Trotzdem bedient Freud nicht einfach den heteronormativen Diskurs. Nach ihm sind weder Zweigeschlechtlichkeit noch die heterosexuelle Fixierung des Begehrens selbstverständlich oder natürlich, sondern Ergebnis eines komplexen Entwicklungsprozesses, auf den die Familie (und damit auch ihre kulturspezifische Ausprägung) entscheidend Einfluss nimmt. Bell (2004) zeigt, dass postmoderne Ansätze von Freud vor allem diese Vielfältigkeit und Variablität der Geschlechtlichkeit, seine Betonung von Individualität und die Zentralität des Körpers (der bei Freud immer auch ein sozialer Körper ist) übernehmen und dessen Vorstellungen von einer universellen und gesunden Heterosexualität zurückweisen. Insgesamt ist die psychoanalytische Theorie durchaus als produktiv für queere Psychologien einzuschätzen.

Auf der anderen Seite lehnen viele queere Psycholog_innen die Psychoanalyse, psychoanalytische Organisationen und Therapeut_innen aufgrund ihrer Homophobie ab. So beschreibt Udo Rauchfleisch (1997) eine Studie aus den 1990er Jahren, die gezeigt hat, dass nur sechs der befragten 35 tiefenpsychologischen Ausbildungsinstitute im deutschsprachigen Raum Lesben und Schwule zur Therapieausbildung zulassen. Die *Online*-Enzyklopädie *Wikipedia* (2010, Artikel: Homosexualität) berichtet, dass die Streichung von Homosexualität als Diagnose aus dem DSM 1974 durch die APA gegen den Widerstand der *American Psychoanalytic Association* durchgesetzt wurde (für den sich die psychoanalytische Organisation 1991 entschuldigt hat). Diese Schlaglichter psychoanalytisch begründeter Homophobie geraten zur Vorsicht im Umgang mit der Psychoanalyse. Dennoch sollte nicht gleich das Kind mit dem Bade ausgeschüttet und die Psychoanalyse kategorisch abgelehnt werden – hierfür ist sie theoretisch viel zu vielfältig und interessant.

Ausblick

Dieses Buch stellt mehrere Wege auf einem Terrain vor, das noch viel zu oft für unbegehbar gehalten wird. Es zeigt, dass (queer-)feministische Psychologien sich lebendig entwickelt haben, ständig weiter wachsen und eine Brücke zwischen politischen Anliegen und wissenschaftlicher Forschung schlagen. Wir selbst waren erst überrascht und dann begeistert von der Quantität und Qualität (queer-)feministischer Psychologien, auf die wir bei unseren Recherchen gestoßen sind. Im günstigen Fall verbindet diese Einführung auch zwei Terrains, die bislang eher weit voneinander entfernt lagen: die deutsche akademische Psychologie und die Gender Studies.

Die vorliegende Einführung schlägt eine Kategorisierung von Einzelarbeiten vor, die so in der Psychologie noch nicht verwendet wurde. Wir unterscheiden die *psychology of women*, die feministische Forschung zu Geschlechtergemeinsamkeiten und -unterschieden, die sozialpsychologische Kognitionsforschung, sozialkonstruktionistische Ansätze und queere Perspektiven voneinander. Diese Kategorisierung soll ein Denkgerüst an die Hand geben, das beim Verständnis einzelner Arbeiten sowie ihrer (wissenschafts)theoretischen Einordnung hilft. Gleichzeitig sollen die von uns hier vorgenommenen Einordnungen nicht als festgeschriebenen Identifikationen gelten – dies wäre fast das Gegenteil eines queer-feministischen Anliegens. Vielmehr ist auch die Kategorisierung ein zur Diskussion gestellter Einstieg in die Materie. Viele Ansätze lassen sich gar nicht, wie jeweils von uns vermerkt, eindeutig zuordnen und die Grenzen zwischen den Kategorien sind eher als fließende Übergänge denn als Ränder von diskreten Gruppen zu verstehen.

Im Anschluss an dieses ›kleine‹ Einführungsbuch wäre es sinnvoll, die Aufarbeitung der vielen bereits existierenden Arbeiten (auch im deutschsprachigen Raum) fortzuführen. Es könnte zum Beispiel ein umfangreiches Lehr- oder Handbuch erarbeitet werden, das sowohl *empirische Forschungsergebnisse* in umfassender Weise darstellt, als auch die zahlreichen *anwendungsorientierten Perspektiven* berücksichtigt.

Weiterhin ist eine Institutionalisierung queer-feministischer Psychologien in Deutschland *und* eine Integration der von ihnen entwickelten Fragestellungen, Kritiken und Forschungsvorschläge in den psychologischen *Mainstream* aus unserer Sicht anzustreben. Die Institutionalisierung würde die Zusammenarbeit von Wissenschaftler_innen, aber auch die Sichtbarkeit für Akteur_innen aus anderen Bereichen, zum Beispiel der Politik ermöglichen und erleichtern. Als einen ersten Schritt zur Vernetzung haben wir eine Mailingliste für Interessierte eingerichtet[13].

Dieses Buches ruft aber auch zum Aufbruch in neue Gebiete auf. Wir hoffen, dass es zu (queer-)feministischer Forschung ermutigt und vielleicht für manche den Ausgangspunkt eigener Arbeiten bildet. Empirische Forschungsarbeiten könnten unter anderem zu einem weiter gehenden Verständnis psychologischer Phänomene beitragen, die geschlechts- und sexualitätsgebundene Machtstrukturen produzieren und reproduzieren. Die Frage nach weiterführenden Perspektiven entspricht auch unserer eigenen Suche nach Forschungsfeldern. Zwei Perspektiven haben wir bereits in unseren Dissertationen aufgenommen: Julia Scholz beschäftigt sich mit der Implementierung von queeren Kritiken in psychologische Forschungslogiken, Anna Sieben rekonstruiert in historisch-systematischer Weise

13 Folgender Link führt zur Mailingliste: www.queer-feministische-psychologien.de

Konzepte von Geschlechtlichkeit und Sexualität in ›klassischen‹ Theorien der Psychologie.

Abgesehen von wissenschaftlichen Projekten wünschen wir uns eine Fortführung queerer und feministischer Politiken. Die Abschaffung von geschlechts- und sexualitätsgebundenen Machtverhältnissen ist uns ein dringliches Anliegen. Psychologische Forschung sollte stets in engem Austausch mit diesen politischen Diskussionen stehen, unter anderem, um die Kritik der eigenen, in die Forschung einfließenden Normen und Werte zu ermöglichen.

Literatur

Allolio-Näcke, Lars (2010): Diskursanalyse. In: Mey, Günter & Mruck, Katja (Hg.): Handbuch Qualitative Forschung in der Psychologie. Wiesbaden (VS Verlag), S. 662–675.

Allport, Gordon (1954): The nature of prejudice. Reading, MA (Addison-Wesley).

American Psychological Association (1998): Selected bibliography of lesbian, gay, and bisexual concerns in psychology. An affirmative perspective. URL: http://www.apa.org/pi/lgbt/resources/biblio.aspx (Stand: 14.9.2010).

Aranca (2003): performing the gap. Queere Gestalten und geschlechtliche Aneignung. URL: http://www.arranca.org/ausgabe/28/performing-the-gap (Stand: 12.05.2009).

Asendorpf, Jens B. (1999): Psychologie der Persönlichkeit. 2. Aufl. Heidelberg (Springer).

Asendorpf, Jens B. (2007): Psychologie der Persönlichkeit. 4. Aufl. Berlin (Springer).

Baeyer, Carl L. von; Sherk, Debbie L. & Zanna, Mark P. (1981): Impression management in the job interview. When the female applicant meets the male (chauvinist) interviewer. Personality and Social Psychology Bulletin 7(1), 45–51.

Barad, Karen (1996): Meeting the Universe Halfway. Realism and Social Constructivism Without Contradiction. In: Nelson, Lynn H. & Nelson, Jack (Hg.): Feminism, Science, and the Philosophy of Science. Norwell, MA (Kluwer), S. 161–194.

Barad, Karen (1998): Getting Real. Technoscientific Practices and the Materialization of Reality. Differences: A Journal of Feminist Cultural Studies 10(2), 87–128.

Barad, Karen (2003): Posthumanist Performativity. Toward an Understanding of How Matter Comes to Matter. Signs: Journal of Women in Culture and Society 28(3), 801–831.

Barad, Karen (2007): Meeting the Universe Halfway: Quantum Physics and the Entanglement of Matter and Meaning, Durham, NC (Duke University Press).

Bardwick, Judith M. (1971): Psychology of women. A study of bio-cultural conflicts. New York (Harper & Row).

Barker, Meg (2007): Heteronormativity and the exclusion of bisexuality in psychology. In: Clarke, Victoria & Peel, Elizabeth (Hg.): Out in psychology. Lesbian, gay, bisexual, trans, and queer perspectives. West Sussex (Wiley & Sons), S. 95–119.

Barker, Meg & Hegarty, Peter (2005): Queer politics. Queer science. Psychology of Women Section Review 7(2), 71–79.

Barker, Meg & Langdridge, Darren (Hg.) (2009): Understanding non-monogamies. New York (Routledge).

Beauvoir, Simone de ([1949] 2007): Das andere Geschlecht. Sitte und Sexus der Frau. Hamburg (Rowohlt).

Behnke, Cornelia (1997): Frauen sind wie andere Planeten. Das Geschlechterverhältnis aus männlicher Sicht. Frankfurt/M. (Campus).

Bell, Leslie C. (2004): Psychoanalytic theories of gender. In: Eagly, Alice H.; Beall, Anne E. & Sternberg, Robert J. (Hg.): The psychology of gender. 2. Aufl. New York (Guilford), S. 145–168.

Bem, Sandra L. (1974): The measurement of psychological androgyny. Journal of Consulting and Clinical Psychology 42(2), 155–162.

Bem, Sandra L. (1976): Sex typing and androgyny: Further explorations of the expressive domain. Journal of Personality and Social Psychology 34(5), 1016–1023.

Bem, Sandra L. (1993): The lenses of gender: Transforming the debate on sexual inequality. New Haven, CT (Yale University Press).

Benjamin, Jessica (1993): Die Fesseln der Liebe. Psychoanalyse, Feminismus und das Problem der Macht. Frankfurt/M. (Fischer).

Best, Deborah L. & Williams, John E. (2001): Gender and culture. In: Matsumoto, David (Hg.): Handbook of culture and psychology. New York (Oxford University Press), S. 195–219.

Betz, Nancy E. & Fitzgerald, Louise F. (1987): The career psychology of women. San Diego (Academic Press).

Biernat, Monica (2003): Toward a broader view of social stereotyping. American Psychologist 58(12), 1019–1027.

Biernat, Monica & Eidelman, Scott (2007): Standards. In: Kruglanski, Arie W. & Higgins, E. Tory (Hg.): Social psychology. Handbook of basic principles. 2. Aufl. New York (Guilford Press), S. 308–333.

Biernat, Monica & Manis, Melvin (1994): Shifting standards and stereotype-based judgments. Journal of Personality and Social Psychology 66(1), 5–20.

Biernat, Monica & Manis, Melvin (2007): Stereotypes and shifting standards. Assimilation and contrast in social judgment. In: Stapel, Diederik A. & Suls, Jerry (Hg.): Assimilation and contrast in social psychology. New York (Psychology Press), S. 75–97.

Biernat, Monica; Manis, Melvin & Nelson, Thomas E. (1991): Stereotypes and standards of judgment. Journal of Personality and Social Psychology 60(4), 485–499.

Blakemore, Judith E.; LaRue, Asenath A. & Olejnik, Anthony B. (1979): Sex-appropriate toy preference and the ability to conceptualize toys as sex-role related. Developmental Psychology 15(3), 339–340.

Boesch, Ernst & Straub, Jürgen (2006): Kulturpsychologie. Prinzipien, Orientierungen, Konzeptionen. In: Kornadt, Hans-Joachim & Trommsdorff, Gisela (Hg.): Kulturvergleichende Psychologie. Enzyklopädie der Psychologie. Serie VII. Themenbereich C »Theorie und Forschung«. Göttingen (Hogrefe), S. 25–95.

Bohan, Janis S. (1993): Essentialism, constructionism, and feminist psychology. Psychology of Women Quarterly 17(1), 5–21.

Bohan, Janis S. (1996): Psychology and sexual orientation. Coming to terms. New York (Routledge).

Brannon, Linda (1999): Gender. Psychological perspectives. Boston (Allyn & Bacon).

Brewer, Marilynn B. (1988): A dual process model of impression formation. In: Srull, Thomas K. & Wyer, Robert S. (Hg.): Advances in Social Cognition. Bd. 1. Hillsdale, NJ (Erlbaum), S. 1–36.

Brewer, Marilynn B.; Dull, Valerie & Lui, Layton (1981): Perceptions of the elderly. Stereotypes as prototypes. Journal of Personality and Social Psychology 41(4), 656–670.

Brinker-Gabler, Gisela (Hg.) (1978): Zur Psychologie der Frau. Frankfurt/M. (Fischer).

Brockhaus Enzyklopädie (2010): Gender. URL: http://www.brockhaus-enzyklopaedie.de (Stand: 20.10.2010).

Brown, Laura S. (1989): New voices, new visions. Toward a lesbian/gay paradigm for psychology. Psychology of Women Quarterly 13(4), 445–458.

Burgard, Roswitha. (2002): Frauenfalle Psychiatrie. Wie Frauen verrückt gemacht werden. Berlin (Orlanda Frauenverlag).

Burman, Erica (1990): Feminists and psychological practice. London (Sage).

Burman, Erica (1995): ›What is it?‹ Masculinity and femininity in cultural representations of childhood. In: Wilkinson, Sue & Kitzinger, Celia (Hg.): Feminism and discourse. Psychological perspectives. London (Sage), S. 49–67.

Burman, Erica (Hg.) (1998): Deconstructing feminist psychology. London (Sage).

Buss, Allan R. (1978): The structure of psychological revolutions. Journal of the History of the Behavioral Sciences 14(1), 57–64.

Buss, David. M. (1994): The evolution of desire. Strategies of human mating. New York (Basic Books).

Butler, Judith (1991): Das Unbehagen der Geschlechter. Frankfurt/M. (Suhrkamp).

Butler, Judith (1993): Bodies that matter. On the discursive limits of »sex«. New York (Routledge). Dt. (1995): Körper von Gewicht. die diskursiven Grenzen des Geschlechts. Berlin (Berlin Verlag).

Chakkarath, Pradeep (2007): Kulturpsychologie und indigene Psychologie. In: Straub, Jürgen; Weidemann, Arne & Weidemann, Doris (Hg.):

Handbuch Interkulturelle Kommunikation und Kompetenz. Stuttgart (Metzler), S. 237–249.

Chodorow, Nancy (1985): Das Erbe der Mütter. München (Frauenoffensive).

Choudhury, Suparna & Slaby, Jan (Hg.) (2012): Critical neuroscience. A handbook of the social and cultural contexts of neuroscience. Hoboken, NJ (Wiley-Blackwell)

Clarke, Victoria & Braun, Virginia (2009): Gender. In: Fox, Dennis; Prilleltensky, Isaac & Austin, Stephanie (Hg.): Critical Psychology. 2. Aufl. London (Sage), S. 232–249.

Clarke, Victoria; Ellis, Sonja J.; Peel, Elizabeth & Riggs, Damien W. (2010): Lesbian, gay, bisexual, trans & queer psychology. An introduction. Cambridge (Cambridge University Press).

Clarke, Victoria & Peel, Elizabeth (Hg.) (2007): Out in psychology. Lesbian, gay, bisexual, trans, and queer perspectives. West Sussex (Wiley & Sons).

Clifford, Clair & Orford, Jim (2007): The experience of social power in the lives of trans people. In: Clarke, Victoria & Peel, Elizabeth (Hg.): Out in psychology. Lesbian, gay, bisexual, trans, and queer perspectives. West Sussex (Wiley & Sons), S. 195–216.

Collier, Helen (1982): Counseling women. A guide for therapists. New York (Free Press).

Collins, Patricia H. (1990): Black feminist thought. Boston (Unwin Hyman).

Condry, John & Condry, Sandra (1976): Sex differences. A study of the eye of the beholder. Child Development 47, 812–819.

Corneille, Olivier; Huart, Johanne; Becquart, Emilie & Brédart, Serge (2004): When memory shifts towards more typical category exemplars. Accentuation effects in the recollection of ethnically ambiguous faces. Journal of Personality and Social Psychology 86(2), 236–250.

Crawford, Mary (1998): The reciprocity of psychology and popular culture. In: Burman, Erica (Hg.): Deconstructing feminist psychology. London (Sage), S. 61–89.

Cyba, Eva (2004): Patriarchat. Wandel und Aktualität. In: Becker, Ruth & Kortendiek, Beate (Hg.): Handbuch Frauen- und Geschlechterforschung. Wiesbaden (VS Verlag), S. 17–22.

Deppermann, Arnulf (2010): Konversationsanalyse und discursive Psychologie. In: Mey, Günter & Mruck, Katja (Hg.): Handbuch Qualitative Forschung in der Psychologie. Wiesbaden (VS Verlag), S. 643–661.

Denmark, Florence L. & Paludi, Michele A. (Hg.) (2007): Psychology of Women. Handbook of issues and theories. 2. Aufl. Westport, CT (Praeger).

DGPs & BDP (2004/2005): Ethische Richtlinien der DGPs und des BDP. URL: http://www.dgps.de/dgps/aufgaben/003.php (Stand: 16.11.2010).

Diekman, Amanda B. & Eagly, Alice H. (2000): Stereotypes as dynamic constructs. Women and men of the past, present and future. Personality and Social Psychology Bulletin 26(10), 1171–1188.

Dreier, Ole (1980): Die Bedeutung der Hausarbeit für die weibliche Psyche. In: Roer, Dorothee (Hg.): Persönlichkeitstheoretische Aspekte von Frauenarbeit und Frauenarbeitslosigkeit. Köln (Pahl-Rugenstein), S. 31–46.

Eagly, Alice H. (1987): Sex differences in social behavior. A social-role interpretation. Hillsdale (Lawrence Erlbaum Associates).

Eagly, Alice H. (1995): The science and politics of comparing women and men. American Psychologist 50(3), 145–158.

Eagly, Alice H. & Chaiken, Shelly (1998): Attitude structure and function. In: Gilbert, Daniel T.; Fiske, Susan T. & Lindzey, Gardner (Hg.): The Handbook of Social Psychology. 4. Aufl. New York (McGraw-Hill), S. 269–322.

Eagly, Alice H.; Karau, Steven J. & Makhijani, Mona G. (1995): Gender and the effectiveness of leaders. A meta-analysis. Psychological Bulletin 117(1), 125–145.

Eagly, Alice H. & Mladinic, Antonio (1989): Gender Stereotypes and attitudes toward women and men. Personality and Social Psychology Bulletin 15(4), 543–558.

Eagly, Alice H., & Wood, Wendy (1999): The origins of sex differences in human behavior. Evolved dispositions versus social roles. American Psychologist 54(6), 408–423.

Eagly, Alice H.; Wood, Wendy & Fishbaugh, Lisa (1981): Sex differences in conformity. Surveillance by the group as a determinant of male nonconformity. Journal of Personality and Social Psychology 40(2), 384–394.

Eagly, Alice H.; Wood, Wendy & Johannesen-Schmidt, Mary C. (2004): Social role theory of sex differences and similarities. Implications for the partner preferences of women and men. In: Eagly, Alice H.; Beall, Anne & Sternberg, Robert J. (Hg.): The Psychology of Gender. 2. Aufl. New York (Guilford), S. 269–295.

Eckes, Thomas (1994): Features of men, features of women. Assessing stereotypic beliefs about gender subtypes. British Journal of Social Psychology 33(1), 107–123.

Engel, Antke (2002): Wider die Eindeutigkeit. Sexualität und Geschlecht im Fokus queerer Politik der Repräsentation. Frankfurt/M. (Campus).

Erb, Egon (1997): Gegenstands- und Problemkonstituierung. Subjekt-Modelle (in) der Psychologie. In: Groeben, Norbert (Hg.): Zur Programmatik einer sozialwissenschaftlichen Psychlogie. Band I, 1. Halbband. Münster (Aschendorff), S. 139–239.

Espin, Oliva M. (1995): ›Race‹, Racism, and Sexuality in the life narratives of immigrant women. Feminism & Psychology 5(2), 223–238.

Figueroa Sarriera, Heidi J. (1998): Rethinking role theory and its aftermath. In: Burman, Erica (Hg.): Deconstructing feminist psychology. London (Sage), S. 47–60.

Fiske, Susan, T. (1995): From the still small voice of discontent to the Supreme Court. How I learned to stop worrying and love social cognition. In: Brannigan, Gary G. & Merrens, Matthew, R. (Hg.): The social psychologists. Research adventures. New York (McGraw-Hill), S. 19–33.

Fiske, Susan, T.; Bersoff, Donald N.; Borgida, Eugene; Deaux, Kay & Heilman, Madeline E. (1991): Social science research on trial. Use of sex stereotyping research in Price Waterhouse v. Hopkins. American Psychologist 46(10), 1049–1060.

Fiske, Susan T. & Neuberg, Steven L. (1990): A continuum model of impression formation from category-based to individuating processes. Influences of information and motivation on attention and interpretation. In: Zanna, Mark P. (Hg.): Advances in experimental social psychology. Band 23. San Diego, CA (Academic Press), 1–74.

Fox, Dennis; Prilleltensky, Isaac & Austin, Stephanie (2009): Critical psychology. London (Sage).

Franke, Alexa & Kämmerer, Annette (Hg.) (2001): Klinische Psychologie der Frau. Ein Lehrbuch. Göttingen (Hogrefe).

Frankforter, Steven A. (1996): The progression of women beyond the glass ceiling. Journal of Social Behavior and Personality 11(5), 121–132.

Frey Steffen, Therese (2006): Gender. Leipzig (Reclam).

Fröhlich, Werner D. ([1968] 2008): Wörterbuch Psychologie. 28. Auflage. München (dtv).

Gadenne, Volker (2004): Philosophie der Psychologie. Bern (Hans Huber).

Gainor, Kathy A. (2000): Including transgender issues in lesbian, gay and bisexual psychology: Implications for clinical practice and training. In: Greene, Beverly A. & Croom, Gladys L. (Hg.): Education, research and practice in lesbian, gay, bisexual and transgendered psychology. A resource manual. Thousand Oaks, CA (Sage), S. 131–160.

Gaycenter (2010): URL: http://www.gaycenter.org/advocacy/dsm5-reform (Stand: 20.10.2010).

Gehring, Petra (2004): Dekonstruktion – Philosophie? Programm? Verfahren? In: Jäger, Friedrich & Straub, Jürgen (Hg.): Handbuch der Kulturwissenschaften. Bd. 2. Paradigmen und Disziplinen. Stuttgart (Metzler), S. 377–394.

Gender Curricula (2011): gender aspekte bei einführung und akkreditierung gestufter studiengänge. URL: http://www.gender-curricula.eu/ (Stand: 12.12.2011).

Gender Inn (2010): URL: http://www.uni-koeln.de/phil-fak/englisch/datenbank/ (Stand: 17.11.2010).

Gergen, Kenneth (1973): Social psychology as history. Journal of Personality and Social Psychology 26(2), 309–320.

Gergen, Kenneth (1996): Social psychology as social construction. The emerging vision. In: McGarty, Craig & Haslam, S. Alexander (Hg.): The Message of social psychology. Perspectives on mind in Society. Oxford (Blackwell), S. 113–128.

Gergen, Kenneth (2002): Konstruierte Wirklichkeiten. Eine Hinführung zum Sozialen Konstruktionismus. Stuttgart (Kohlhammer).

Gergen, Mary (2001): Feminist reconstructions in psychology. Narrative, gender, and performance. Thousand Oaks (Sage).

Gergen, Mary (2008): Qualitative methods in feminist psychology. In: Willig, Carla & Stainton-Rogers, Wendy (Hg.): The Sage handbook of qualitative research in psychology. London (Sage), S. 280–295.

Gergen, Kenneth & Gergen, Mary (2009): Einführung in den sozialen Konstruktionismus. Heidelberg (Carl-Auer).

Gilbert, Lucia A. (1980): Feminist therapy. In: Brodsky, Annette M. & Hare-Mustin, Rachel T. (Hg.): Women and psychotherapy. New York (Guilford Press), S. 245–265.

Gilligan, Carol (1982): In a different voice. Psychological theory and women's development. Cambridge (Harvard University Press).

Glick, Peter & Fiske, Susan T. (1996): The Ambivalent Sexism Inventory. Differentiating hostile and benevolent sexism. Journal of Personality and Social Psychology 70(3), 491–512.

Glick, Peter & Fiske, Susan T. (1999): The ambivalence toward men inventory. Differentiating hostile and benevolent beliefs about men. Psychology of Women Quarterly 23(3), 519–536.

Groeben, Norbert (1986): Handeln, Tun, Verhalten als Einheiten einer verstehend-erklärenden Psychologie. Tübingen (Francke).

Groeben Norbert (Hg.) (1997): Zur Programmatik einer sozialwissenschaftlichen Psychologie. Band I, Metatheoretische Perspektiven. Münster (Aschendorff).

Groeben, Norbert (Hg.) (1999): Zur Programmatik einer sozialwissenschaftlichen Psychologie. Band II, Theoriehistorie, Praxisrelevanz, Interdisziplinarität, Methodenintegration. Münster (Aschendorff).

Groeben, Norbert; Erb, Egon (1997): Menschenbilder. In: Straub, Jürgen; Kempf, Wilhelm & Werbik, Hans (Hg.): Psychologie. Eine Einführung. Grundlagen, Methoden, Perspektiven. München (dtv), S. 17–41.

Groeben, Norbert & Scheele, Brigitte (1982): Grundlagenprobleme eines Forschungsprogramms »Subjektive Theorien«. Zum Stand der Diskussion. In: Dann, Hanns-Dietrich; Humpert, Winfried; Krause, Frank & Tennstädt, Kurt-Christian (Hg.): Analyse und Modifikation subjektiver Theorien von Lehrern. Konstanz (Universität Konstanz), S. 9–12.

Groeben, Norbert; Wahl, Diethelm; Schlee, Jörg & Scheele, Brigitte (1988): Forschungsprogramm Subjektive Theorien. Eine Einführung in die Psychologie des reflexiven Subjekts. Tübingen (Francke).

Habarth, Janice M. (2008): Thinking ›straight‹. Heteronormativity and associated outcomes across sexual orientation. Ann-Arbor, MI (Pro Quest LLC).

Halberstam, Judith (2005): In a queer time & place. Transgender bodies, subcultural lives. New York (University Press).

Hamilton, Mykol C. (1991): Masculine bias in the attribution of personhood. People = male, male = people. Psychology of Women Quarterly 15(3), 393–402.

Haraway, Donna (1988): Situated knowledges. The science question in feminism and the privilege of partial perspectives. Feminist Studies 14(3), 575–599.

Hare-Mustin, Rachel T. & Marecek, Jeanne (1988): The meaning of difference. Gender theory, postmodernism, and psychology. American Psychologist 43(6), 455–464.

Hare-Mustin, Rachel T. & Marecek, Jeanne (1990): Making a difference. Psychology and the construction of gender. New Haven, CT (Yale University Press).

Hark, Sabine (1993): Queer Interventionen. Feministische Studien 11(2), 104–110.

Hark, Sabine (2001): Feministische Theorie – Diskurs – Dekonstruktion. Produktive Verknüpfungen. In: Keller, Reiner; Hirseland, Andreas; Schneider, Werner & Viehöver, Willy (Hg.): Handbuch sozialwissenschaftliche Diskursanalyse. Wiesbaden (VS Verlag), S. 357–376.

Hark, Sabine (2005): Dissidente Partizipation. Eine Diskursgeschichte des Feminismus. Frankfurt/M. (Suhrkamp).

Hartsock, Nancy C.M. (1987): The feminist standpoint: Developing the ground for a specifically feminist historical materialism. In: Harding, Sandra (Hg.): Feminism and Methodology. Social Science Issues. Bloomington (Indiana University Press), S. 157–180.

Haug, Frigga (Hg.) (1980): Frauenformen. Alltagsgeschichten und Entwurf einer Theorie weiblicher Sozialisation. Berlin (Argument).

Haug, Frigga (1987): Subjekt Frau. Zur Politik von Erinnerung. In: Rommelspacher, Birgit (Hg.): Weibliche Beziehungsmuster. Psychologie und Therapie. Frankfurt/M. (Campus), S. 49–70.

Haug, Frigga & Hauser, Kornelia (Hg.) (1985): Subjekt Frau. Kritische Psychologie der Frauen. Band 1. Berlin (Argument).

Hegarty, Peter & Buechel, Carmen (2006): Androcentric reporting of gender differences in APA journals. 1965–2004. Review of General Psychology 10(4), 377–389.

Hegarty, Peter (2008): Queer methodologies. In: Moon, Lyndsey T. (Hg.): Feeling queer or queer feelings. Radical approaches to counseling sex, sexualities and genders. London (Routledge), S. 125–140.

Hegarty, Peter & Chase, Cheryl (2000): Intersex activism, feminism and psychology. Opening a dialogue on theory, research and clinical practice. Feminism & Psychology 10(1), 117–132.

Hegarty, Peter & Pratto, Felicia (2001): Sexual orientation beliefs. Their relationship to anti-gay attitudes and biological determinist arguments. Journal of Homosexuality 41(1), 121–135.

Henwood, Karen L.; Griffin, Christine & Phoenix, Anne (Hg.) (1998): Standpoints and Differences. Essays in the Practice of Feminist Psychology. London (Sage).

Hepworth, Julie & Griffin, Christine (1995): Conflicting opinions? ›Anorexia nervosa‹, medicine and feminism. In: Wilkinson, Sue & Kitzinger, Celia (Hg.): Feminism and discourse. Psychological perspectives. London (Sage), S. 68–85.

Herzog, Walter (1984): Modell und Theorie in der Psychologie. Göttingen (Hogrefe).

Hill, Darryl B. & Willoughby, Brian L.B. (2005): The Development and validation of the genderism and transphobia scale. Sex Roles 53(7/8), 351–544.

Hoffman, Curt & Hurst, Nancy (1990): Gender stereotypes. Perception or rationalization? Journal of Personality and Social Psychology 58(2), 197–208.

Hollway, Wendy (1995): Feminist discourses and women's heterosexual desire. In: Wilkinson, Sue & Kitzinger, Celia (Hg.): Feminism and discourse. Psychological perspectives. London (Sage), S. 86–105.

Holzkamp, Klaus (1972): Kritische Psychologie. Vorbereitende Arbeiten. Frankfurt/M (Fischer).

hooks, bell (1981): Ain't I a women. Black women and feminism. Boston (South End Press).

Huart, Johanne; Corneille, Olivier & Becquardt, Emilie (2005): Face-based categorization, context-based categorization, and distortions in the recollectionof gender ambiguous faces. Journal of Experimental Social Psychology 41(6), 598–608.

Hussy, Walter & Jain, Anita (2002): Experimentelle Hypothesenprüfung in der Psychologie. Göttingen (Hogrefe).

Hyde, Janet S. (2005): The gender similarities hypothesis. American Psychologist 60(6), 581–592.

Hyde, Janet (2006): Half the human experience. The psychology of women. Andover (Cengage Learning).

Hyde, Janet S. & Linn, Marcia C. (Hg.) (1986): The psychology of gender. Advances through meta-analysis. Baltimore (Johns Hopkins University Press).

Hyde, Janet S. & Linn, Marcia C. (1988): Gender differences in verbal ability. A meta-analysis. Psychological Bulletin 104(1), 53–69.

Hyde, Janet S. & Linn, Marcia C. (2006): Gender similarities in mathematics and science. Science 314(5799), 599–600.

Hyde, Janet S. & McKinley, Nita (1997): Gender differences in cognition. Results from meta-analysis. In: Caplan, Paula J.; Crawford, Mary; Hyde, Janet S. & Richardson, John T.E. (Hg.): Gender differences in human cognition. New York (Oxford University Press), S. 30–51.

Irigaray, Luce (1979): Das Geschlecht, das nicht eins ist. Berlin (Merve).

Irmen, Lisa & Linner, Ute (2005): Die Repräsentation generisch maskuliner Personenbezeichnungen. Eine theoretische Integration bisheriger Befunde. Zeitschrift für Psychologie 213(3), 167–175.

Ise, Michaele & Steffens, Melanie C. (2000): Von der Pathologisierung zur Ignoranz. Heterosexismus in der Psychologie. URL: http://www.linksnet.de/de/artikel/17851 (Stand: 13.10.2010).

Jeffreys, Sheila (2003): Unpacking queer politics. A lesbian feminist perspective. Malden, MA (Blackwell Publishers).

Johannesen-Schmidt, Mary C. (2003): Social role theory and sex differences in preferred mate characteristics. Correlational and experimental approaches. Doctoral Dissertation, Northwestern University, Evanston, IL, USA.

Johannesen-Schmidt, Mary C. & Eagly, Alice H. (2002): Another look at sex differences in preferred mate characterstics. The effects of endorsing the traditional female gender role. Psychology of Women Quarterly 26(4), 322–328.

Johnson, Katherine (2001): Studying transsexual identity. In: Haynes, Felicity & McKenna, Tarquam (Hg.): Unseen Genders. Beyond the binaries. New York (Peter Lang), S. 143–155.

Johnson, Katherine (2007): Transsexualism. Diagnostic dilemmas, transgender politics and the future of transgender care. In: Clarke, Victoria & Peel, Elizabeth (Hg.): Out in psychology. Lesbian, gay, bisexual, trans, and queer perspectives. West Sussex (Wiley & Sons), S. 445–464.

Johnson, Kerri L.; Gill, Simone; Reichmann, Victoria & Tassinary, Louis G. (2007): Swagger, sway, and sexuality. Judging sexual orientation from body motion and morphology. Journal of Personality and Social Psychology 93(3), 321–334.

Karraker, Katherine H. & Vogel, Dena A. (1988): Sex stereotyping in parents' perceptions of newborns. Paper presented at the International Conference on Infant Studies. April 1988. Washington, DC.

Kessler, Suzanne J. & McKenna, Wendy (1978): Gender. An ethnomethodological approach. New York (Wiley).

Kessler, Suzanne J. (1990): The medical construction of gender. Case management of intersexed infants. Signs: Journal of Women in Culture and Society 16(11), 3–26.

Kidder, Louise H.; Bellettirie, Gerald & Cohn, Ellen S. (1977): Secret ambitions and public performances. The effects of anonymity on reward allocations made by men and women. Journal of Experimental Social Psychology 13(1), 70–80.

Kite, Mary E.; Deaux, Kay & Haines, Elizabeth L. (2007): Gender stereotypes. In: Denmark, Florence L. & Paludi, Michele A. (Hg.): Handbook on the psychology of women. 2. Aufl. Westport, CT (Greenwood Press), S. 205–236.

Kitzinger, Celia (1990): Resisting the discipline. In: Burman, Erica (Hg.): Feminists and psychological practice. London (Sage), S. 119–136.

Kitzinger, Celia (1996): The token lesbian chapter. In: Wilkinson, Sue (Hg.): Feminist social psychologies. International perspectives. Buckingham (Open University Press), S.119–144.

Kitzinger, Celia & Thomas, Alison (1995): Sexual harassment: A discursive analysis. In: Wilkinson, Sue & Kitzinger, Celia (Hg.): Feminism and discourse. Psychological perspectives. London (Sage), S. 32–48.

Kitzinger, Celia & Wilkinson, Sue (2010): Virgins and queers. Rehabilitating heterosexuality? In: Gergen, Mary M. & Davis, Sara N. (Hg.): Toward a new psychology of gender. New York (Routledge), S. 403–421.

Kochinka, Alexander & Werbik, Hans (1997): Logische Propädeutik und Wissenschaftstheorie. In: Straub, Jürgen; Kempf, Wilhelm & Werbik, Hans (Hg.): Psychologie. Eine Einführung. Grundlagen, Methoden, Perspektiven. München (dtv), S. 42–67.

Kuhn, Thomas S. (1976): Die Struktur wissenschaftlicher Revolutionen. 2. rev. Aufl. Frankfurt/M (Suhrkamp).

Kunda, Ziva & Oleson, Kathryn C. (1995): Maintaining stereotypes in the face of disconfirmation. Constructing grounds for subtyping deviants. Journal of Personality and Social Psychology 68(4), 565–579.

Landrine, Hope & Russo, Nancy F. (Hg.) (2010): Handbook of diversity in Feminist Psychology. New York (Springer).

Latour, Bruno (1999): Pandora's Hope. Essays on the Reality of Science Studies: Cambridge (Harvard University Press).

Latour, Bruno (2005): Reassembling the Social. An Introduction to Actor-Network-Theory. New York (Oxford University Press).

Lenz, Ilse (Hg.) (2009): Die Neue Frauenbewegung in Deutschland. Wiesbaden (VS Verlag).

Lewin, Kurt (1948): Aktionsforschung und Minderheitenprobleme. In: Lewin, Kurt (Hg.): Die Lösung sozialer Konflikte. Bad-Neuheim (Christian-Verlag), S. 278–298.

Longino, Helen (1990): Science as social knowledge. Values and objectivity in scientific inquiry. Princeton (Princeton University Press).

Longino, Helen (1994): In search for feminist epistemology. Monist 77(4), 472–485.

Longino, Helen (2002): The fate of knowledge. Princeton (Princeton University Press).

Loulan, Joann; Nichols, Margaret & Streit, Monica (Hg.) (1993): Lesben, Liebe, Leidenschaft. Texte zur feministischen Psychologie und zu Liebesbeziehungen unter Frauen. Berlin (Orlanda Frauenverlag).

Lovering, Kathryn M. (1995): The bleeding body: Adolescents talk about menstruation. In: Wilkinson, Sue & Kitzinger, Celia (Hg.): Feminism and discourse. Psychological perspectives. London (Sage), S. 10–31.

Lukács, Georg ([1923] 1970): Geschichte und Klassenbewusstsein. Studien über marxistische Dialektik. Neuwied (Luchterhand).

Lück, Helmut E. (2009): Geschichte der Psychologie. Strömungen, Schulen, Entwicklungen. Stuttgart (Kohlhammer).

Maccoby, Eleanor E. (Hg.) (1966): The development of sex differences. Stanford (Stanford University Press).

Maccoby, Eleanor & Jacklin, Carol (1974): The psychology of sex differences. Stanford (Stanford University Press).

Marecek, Jeanne; Crawford, Mary & Popp, Danielle (2004): On the construction of gender, sex and sexualities. In: Eagly, Alice H.; Beall, Anne E. & Sternberg, Robert J. (Hg.): The psychology of gender. 2. Aufl. New York (Guilford Press), S. 192–216.

Marecek, Jeanne & Kravetz, Diane (1977): Women and mental health. A review of feminist change efforts. Psychiatry 40(3), 323–329.

Markard, Morus (2010): Kritische Psychologie. In: Mey, Günter & Mruck, Katja (Hg.): Handbuch Qualitative Forschung in der Psychologie. Wiesbaden (VS Verlag), S. 166–181.

Matlin, Margaret (1987): The psychology of women. New York (Holt, Rinehart and Winston).

McDougall, Joyce (1995): The many faces of eros. A psychoanalytic exploration of human sexuality. New York (W. W. Norton & Company).

McRobbie, Angela (2009): The aftermath of feminism. Gender, culture and social change. London (Sage).

Medin, Doudlas & Andrew Ortony (1989): Psychological essentialism. In: Vosniadou, Stella & Ortony, Andrew (Hg.): Similarity and analogical reasoning. Cambridge (Cambridge University Press), S. 179–195.

Mey, Günter & Mruck, Katja (Hg.) (2010): Handbuch Qualitative Forschung in der Psychologie. Wiesbaden (VS Verlag).

Mills, Sara (2007): Der Diskurs. Tübingen (Francke).

Mitchell, Juliet (1976): Psychoanalyse und Feminismus. Frankfurt/M. (Suhrkamp).

Minton, Henry L. (1997): Queer theory. Historical roots and implications for psychology. Theory & Psychology 7(3), 337–353.

Mohanty, Chandra T. (1991): Under Western eyes. Feminist schloarship and colonial discourses. In: Mohanty, Chandra T.; Russo, Anne & Torres, Lourdes (Hg.): Third world women and the politics of feminism. Indianapolis (Indiana University Press), S. 333–358.

Morrison, Todd D.; Beaulieu, Dylan; Brockman, Melanie & Beaglaoich, Cormac O. (2011): A comparison of polyamorous and monoamorous persons. Are there differences in indices of relationship well-being and sociosexuality? Psychology & Sexuality 0(0), 1–17.

Morton, Thomas A.; Hornsey, Matthew & Postmes, Tom (2009): Shifting ground. The variable use of essentialism in contexts of inclusion and exclusion. British Journal of Social Psychology 48(1), 35–59.

Morton, Thomas A.; Postmes, Tom S.; Haslam, Alexander & Hornsey, Matthew J. (2009): Theorizing gender in the face of social change. Is there anything essential about essentialism? Journal of Personality and Social Psychology 96(3), 653–664.

Newman, Louise K. (2002): Sex, gender and culture. Issues in the definition, assessment and treatment of gender identity disorder. Clinical Child Psychology and Psychiatry 7(3), 352–359.

Parker, Ian & Shotter, John (1990): Deconstructing social psychology. London (Routledge).

Pequegnat, Willo; Rosser, Simon B. R.; Bowen, Anne M.; Bull, Sheana S.; DiClemente, Ralph J.; Bockting, Walter O.; Elford, Jonathan; Fishbein, Martin; Gurak, Laura; Horvath, Keith; Konstan, Joseph; Noar, Seth M.; Ross, Michael W.; Sherr, Lorraine; Spiegel, David & Zimmermann, Rick (2006): Conducting internet-based HIV/STD prevention survey research: Considerations in design and evaluation. AIDS & Behavior 11(4), 505–521.

Pinker, Susan (2008): Das Geschlechterparadox. Über begabte Mädchen, schwierige Jungs und den wahren Unterschied zwischen Männern und Frauen. München (DVA).

Popper, Karl R. ([1935] 1994): Logik der Forschung. 10. Aufl. Tübingen (Mohr-Siebeck).

Potter, Jonathan & Edwards, Derek (2001): Discursive social psychology. In: Robinson, W. Peter & Giles, Howard (Hg.): The new handbook of language and social psychology. New York (Wiley), S. 103–118.

Potter, Jonathan & Wetherell, Margaret (1987): Discourse and social psychology. Beyond attitudes and behavior. London (Sage).

Prentice, Deborah A. & Carranza, Erica (2002): What women and men should be, shouldn't be, are allowed to be, and don't have to be. The contents of prescriptive gender stereotypes. Psychology of Women Quarterly 26(1), 269–281.

Prentice, Deborah & Miller, Dale (2007): Psychological essentialism of human categories. Current Directions in Psychological Science 16(4), 202–206.

Psychology & Sexuality (2011): URL: http://www.tandf.co.uk/journals/rpse (Stand: 1.12.2011).

Psychology's Feminist Voices (2011): URL: http://www.feministvoices.com/about (Stand: 17.11.2010).

Quinn, Diane M. & Spencer, Steven J. (2001): The inference of stereotype threat with women's generation of mathematical problem-solving strategies. Journal of Social Issues 57(1), 55–71.

Rauchfleisch, Udo (1997): Zum Einfluss der in der Öffentlichkeit kolportierten Bilder von Lesben und Schwulen auf therapeutische und emanzipatorische Prozesse. In: Steffens, Melanie C. & Reipen, Margret (Hg.): Versteckt und mittendrin. Zur (Selbst-)Darstellung und Wahrnehmung von Lesben und Schwulen in der Öffentlichkeit. München (Profil), S. 9–17.

Rawlings, Edna I. & Carter, Diane K. (1977): Psychotherapy for women: Treatment toward equality. Oxford, UK (Charles C Thomas Publications).

Riggs, Damien W. (2007): Recognizing race in LGBTIQ psychology. Power, privilege and complicity. In: Clarke, Victoria & Peel, Elizabeth (Hg.): Out in psychology. Lesbian, gay, bisexual, trans, and queer perspectives. West Sussex (Wiley & Sons), S. 59–76.

Ritchie, Ani & Barker, Meg (2006): »There aren't words for what we do or how we feel so we have to make them up«. Constructing polyamorous languages in a culture of compulsory monogamy. Sexualities 9(5), 584–601.

Roer, Dorothee (Hg.) (1980): Persönlichkeitstheoretische Aspekte von Frauenarbeit und Frauenarbeitslosigkeit. Köln (Pahl-Rugenstein).

Rohrbaugh, Joanna B. (1979): Women. Psychology's puzzle. New York (Basic Books).

Rose, Hilary (1983): Hand, brain, and heart. A feminist epistemology for the natural sciences. Signs 9(1), 73–90.

Rosewater, Lynne B. & Walker, Lenore E. (1985): Handbook of feminist therapy. New York (Springer).

Rothmund, Jutta & Scheele, Brigitte (2004): Personenbezeichnungsmodelle auf dem Prüfstand. Lösungsmöglichkeiten für das Genus-Sexus-Problem auf Textebene. Zeitschrift für Psychologie 212(1), 40–54.

Rubin, Jeffrey A.; Provenzano, Frank J. & Luria, Zella (1974): The eye of the beholder: Parents' view on sex of newborns. American Journal of Orthopsychiaty 44(4), 521–519.

Rudman, Laurie A. & Phelan, Julie E. (2008): Backlash effects for disconfirming gender stereotypes in organizations. Research in Organizational Behavior 28(1), 61–79.

Saar, Martin (2007): Beschreiben und Zersetzen. Dekonstruktion als Institutionskritik. In: Niederberger, Andreas & Wolf, Markus (Hg.): Politische Philosophie und Dekonstruktion. Beiträge zur politischen Theorie im Anschluss an Jacques Derrida. Bielefeld (transcript), S. 165–180.

Sayers, Janet (1990): Psychoanalytic feminism. Deconstructing power in theory and therapy. In: Parker, Ian & Shotter, John (Hg.): Deconstructing social psychology. London (Routledge), S. 196–207.

Scheele, Brigitte & Rothmund, Jutta (2001): Sprache als Sozialität. Linguistische Relativität und das Genus-Sexus-Problem. In: Groeben, Norbert (Hg.): Zur Programmatik einer sozialwissenschaftlichen Psychologie. Band II, 1. Halbband. Münster (Aschendorff), S. 77–130.

Schlichter, Annette (2005): Re-thinking sex. Feminismus, queere Theorie und die Kritik normativer Sexualpolitiken. In: Haschemi Yekani, Elahe & Michaelis, Beatrice (Hg.): Quer durch die Geisteswissenschaften. Berlin (Querverlag), S. 132–156.

Schmerl, Christiane (1998): Feminismus und (deutsche) Psychologie – Versuch einer Zwischenbilanz. Zeitschrift für Politische Psychologie 6(3), 223–240.

Scholz, Julia (2010): Psychologischer Essentialismus als relevantes Konzept für die Genderforschung. Journal für Psychologie, 18(3).

Shaw-Barnes, Kelly & Eagly, Alice H. (1996): Meta-analysis and feminist psychology. In: Wilkinson, Sue (Hg.): Feminist social psychology. International perspectives. Buckingham (Open University Press), S. 258–274.

Sherman, Julia A. (1971): On the psychology of women. A survey of empirical studies. Springfield (Charles Thomas).

Sieben, Anna (2010): Zur Konstruktion von Geschlecht und Sexualität in behavioristischen Lerntheorien. Ein wissenschaftshistorischer Beitrag. Journal für Psychologie 18(3).

Sinclair, Stacey; Huntsinger, Jeffrey; Skorinko, Jeanine & Hardin, Curtis D. (2005): Social tuning of the self. Consequences for the self-evaluations of stereotype targets. Journal of Personality and Social Psychology 89(2), 160–175.

Skrypnek, Berna J. & Snyder, Mark (1982): On the self-perpetuating nature of stereotypes about women and men. Journal of Experimental Social Psychology 18(3), 277–291.

Slaby, Jan (2010): Steps Towards a Critical Neuroscience. Phenomenology and the Cognitive Sciences 9(3), 397–416.

Smith, Dorothy E. (1974): Women's perspective as a radical critique of sociology. Sociological Inquiry 44(1), 7–13.

Speer, Susan A. & Green, Richard (2007): On passing. The interactional organization of appearance attributions in the psychiatric assessment of transsexual patients. In: Clarke, Victoria & Peel, Elizabeth (Hg.): Out in psychology. Lesbian, gay, bisexual, trans, and queer perspectives. West Sussex (Wiley & Sons), S. 335–368.

Spence, Janet T. & Helmreich, Robert L. (1972): Who likes competent women? Competence, sex-role congruence of interest, and subjects' attitudes toward women as determinants of interpersonal attraction. Journal of Applied Social Psychology 2(3), 197–213.

Spence, Janet T.; Helmreich, Robert L. & Stapp, Joy (1973): The personal attributes questionnaire. A Measure of sex-role stereotypes and masculinity-femininity. JSAS Catalog of Selected Documents in Psychology 4, 43–44.

Spencer, Steven J.; Steele, Claude M. & Quinn, Diane M. (1999): Stereotype threat and women's math performance. Journal of Experimental Social Psychology 35(1), 4–28.

Spiegel Online (2003): Der kleine Unterschied. URL: http://www.spiegel.de/spiegelspecial/0,1518,272648,00.html (Stand: 17.11.2010).

Stahlberg, Dagmar & Sczesny, Sabine (2001): Effekte des generischen Maskulinums und alternativer Sprachformen auf den gedanklichen Einbezug von Frauen. Psychologische Rundschau 52(3), 131–140.

Stanford Encyclopedia of Philosophy (2009): Feminist Epistemology and Philosophy of Science. URL: http://www.seop.leeds.ac.uk/archives/win2009/entries/feminism-epistemology/ (Stand: 13.10.2010).

Steele, Claude M. & Aronson, Joshua (1995): Stereotype threat and the intellectual test performance of African Americans. Journal of Personality and Social Psychology 69(5), 797–811.

Steffens, Melanie C. & Biechele, Ulrich (2001): Annual review of lesbian, gay and bisexual issues in european psychology 1. Berlin (BoD).

Stegmüller, Wolfgang (1979): The structuralist view of theories. Berlin (Springer).

Steins, Gisela (Hg.) (2010): Handbuch Psychologie und Geschlechterforschung. Wiesbaden (VS Verlag).

Stemmler, Gerhard; Hagemann, Dirk; Amelang, Manfred & Bartussek, Dieter (2010): Differentielle Psychologie und Persönlichkeitsforschung. 7. Aufl. Stuttgart (Kohlhammer).

Stoller, Robert J. (1968): Sex and gender: On the development of masculinity and femininity. New York City (Science House).

Straub, Jürgen (1999): Handlung, Interpretation, Kritik. Grundzüge einer textwissenschaftlichen Handlungs- und Kulturpsychologie. Berlin (de Gruyter).

Straub, Jürgen (2007): Interkulturelle Kommunikation – eine wissenschaftliche Disziplin? In: Moosmüller, Alois (Hg.): Interkulturelle Kommunikation. Konturen einer wissenschaftlichen Disziplin (Münchener Beiträge zur Interkulturellen Kommunikation, Bd. 20). Münster (Waxmann), S. 209–241.

Straub, Jürgen (2010): Psychologische Anthropologie im Zeichen von Humanismus und Antihumanismus. In: Rüsen, Jörn (Hg.): Perspektiven der Humanität. Menschsein im Diskurs der Disziplinen. Bielefeld (transcript), S. 317–372.

Straub, Jürgen & Chakkarath, Pradeep (2010): Kulturpsychologie. In: Mey, Günter & Mruck, Katja (Hg.): Handbuch Qualitative Forschung in der Psychologie. Wiesbaden (VS Verlag), S. 195–209.

Stroebe, Wolfgang; Jonas, Klaus & Hewstone, Miles (2003): Sozialpsychologie. Eine Einführung. 4. Aufl. Berlin (Springer).

Swazina, Karl R.; Waldherr, Karin & Maier, Kathrin (2004): Geschlechtsspezifische Ideale im Wandel der Zeit. Zeitschrift für Differentielle und Diagnostische Psychologie 25(3), 165–176.

Tajfel, Henri & Wilkes, Alan L. (1963): Classification and quantitative judgment. British Journal of Psychology 54(2), 101–114.

Unger, Rhoda (1998): Resisting gender. Twenty-five years of feminist psychology. London (Sage).

Unger, Rhoda & Crawford, Mary (1996): Women and gender. A feminist psychology. 2. Aufl. New York (McGraw-Hill).

Weber, Max ([1973] 1904): Die »Objektivität« sozialwissenschaftlicher und sozialpolitischer Erkenntnis. In: Winckelmann, Johannes (Hg.): Gesammelte Aufsätze zur Wissenschaftslehre. Tübingen (Mohr Siebeck), S. 146–214.

Weber, Reneé & Crocker, Jennifer (1983): Cognitive processes in the revision of stereotypic beliefs. Journal of Personality and Social Psychology 45(5), 961–977.

Weiss, Jillian T. (2003): GL vs BT: The archaeology of biphobia and transphobia within the US gay and lesbian community. Journal of Bisexuality 3(3/4), 25–55.

West, Candace & Zimmerman, Don H. (1987): Doing gender. Gender and Society 1(2), 125–151.

Westermann, Rainer (2000): Wissenschaftstheorie und Experimentalmethodik. Ein Lehrbuch der Psychologischen Methodenlehre und Wissenschaftstheorie. Göttingen (Hogrefe).

Widdicombe, Sue (1995): Identity, politics and talk: A case for the mundane and everyday. In: Wilkinson, Sue & Kitzinger, Celia (Hg.): Feminism and discourse. Psychological perspectives. London (Sage), S. 106–127.

Wikipedia (2010): Homosexualität. URL: http://www.wikipedia.org/wiki/Homosexualität (Stand: 12.9.2010).

Wilkinson, Sue (1996): Feminist social psychologies. A decade of development. In: Wilkinson, Sue (Hg.): Feminist social psychologies. International perspectives. Buckingham (Open University Press), S. 1–21.

Wilkinson, Sue (2011): History of the psychology of sexualities section. URL: http://pss.bps.org.uk/pss/history/history_home.cfm (Stand: 18.12.2011).

Wilkinson, Sue & Kitzinger, Celia (1993): Heterosexuality. A feminism and psychology reader. London (Sage).

Wilkinson, Sue & Kitzinger, Celia (1995): Feminism and discourse. Psychological perspectives. London (Sage).

Williams, John E.; Bennett, Susan M. & Best, Deborah L. (1975): Awareness and expression of sex stereotypes in young children. Developmental Psychology 11(5), 635–642.

Williams, John E.; Best, Deborah L.; Haque, Abdul; Pandey, Janak & Verma, Ravi K. (1982): Sex-trait stereotypes in India and Pakistan. Journal of Psychology 111(2), 167–181.

Williams, John E.; Daws, John T.; Best, Deborah L.; Tilquin, Charles; Wesley, Frank & Bjerke, Tore (1979): Sex-trait stereotypes in France, Germany, and Norway. Journal of Cross Cultural Psychology 10(2), 133–156.

Williams, Juanita (1987): Psychology of women. Behavior in a biosocial context. New York (W. W. Norton and Company).

Willutzki, Ulrike (2001): Feministische Perspektiven für die Psychosoziale Versorgung. In: Franke, Alexa & Kämmerer, Annette (Hg.): Klinische Psychologie der Frau. Ein Lehrbuch. Göttingen (Hogrefe), S. 693–719.

Wilton, Leo; Herbst, Jeffrey H.; Coury-Doniger, Patricia; Painter, Thomas M.; English, Gary; Alvarez, Maria E.; Scahill, Maureen; Roberson, Michael A.; Lucas, Basil; Johnson, Wayne D. & Carey, James W. (2009): Efficacy of an HIV/STI prevention intervention for Black men who have sex with men. Findings from the Many Men, Many Voices project. AIDS & Behavior 13(3), 532–544.

Winter, Rainer (2010): Sozialer Konstruktionismus. In: Mey, Günter & Mruck, Katja (Hg.): Handbuch Qualitative Forschung in der Psychologie. Wiesbaden (VS Verlag), S. 123–135.

Wittig, Monique (1992): The straight mind: And other essays. New York (Beacon Press).

Wosick-Correa, Kassia (2010): Agreements, rules and agentic fidelity in polyamorous relationships. Psychology & Sexuality 1(1), 44–61.

Yzerbyt, Vincent; Corneille, Olivier & Estrada, Claudia (2001): The interplay of subjective essentialism and entitativity in the formation of stereotypes. Personality and Social Psychology Review 5(2), 141–155.

Zanna, Mark & Pack, Susan J. (1975): On the self-fulfilling nature of apparant sex differences in behavior. Journal of Experimental Social Psychology 11(6), 583–591.

Zerbe Enns, Carolyn (2004): Feminist theories and feminist psychotherapies. Origins, themes, and diversity. 2. Aufl. Binghampton (Haworth Press).

Zielke, Barbara (2004): Kognition und soziale Praxis. Der soziale Konstruktionismus und die Perspektiven einer postkognitivistischen Psychologie. Bielefeld (transcript).

Zielke, Barbara (2007): Sozialer Konstruktionismus. Göttingen (Vandenhoeck & Ruprecht).